한국어 부사격 조사와 중국어 개사의 대조 연구

한국어 부사격 조사와
중국어 개사의 대조 연구

석견(石堅)

경인문화사

저자는 2003년 9월부터 2010년 2월까지 6여 년간 한국의 경북대학교에서 석·박사 과정을 공부했다. 그때 대학원 수업을 들으면서 한국어에 대해 전반적으로 깊이 이해하게 되었고 지도 교수님의 영향을 받아서 대조언어학에 관심을 기울이게 되었다. 특히 한·중 양국 언어의 문법형태소인 한국어 조사助詞와 중국어 개사介詞의 동질성과 이질성에 대해 큰 관심을 갖게 되었고, 석·박사 학위 논문은 모두 이에 관련된 주제로 썼다.

박사 학위를 받고 중국에 돌아와서 현재까지 산동대학교에서 중국 학생들에게 한국어를 강의하면서 계속 통사론과 의미론을 중심으로 한국어와 중국어에 대한 대조연구에 정진하고 있다.

이 책은 저자의 박사 학위논문을 수정·보완한 것이다. 특히 강의를 하면서 새로 정리된 중국 학생의 한국어 조사 사용 오류와 관련 주제인 최근 논지들을 많이 수용하려고 노력했다.

한국어 부사격 조사는 체언에 붙어 시간·장소·도구·수단과 원인 등과 관련된 부사어를 만드는 역할을 한다. 중국어 개사는 일반적으로 명사 또는 명사구 앞에 위치하여 시간·장소·방향·방법·대상·원인 등의 각종 문법 의미를 표시해 주는 역할을 한다. 한국어 부사격 조사와 중국어 개사는 의미와 기능에 있어서 이와 같은 유사점이 있기 때문에 많은 중국인 한국어 학습자는 한국어 부사격 조사와 중국어 개사는 완전히 대응한다고 여기는 경향이 강하다.

이 책은 이러한 현상에 주목하여 한국어 부사격 조사에 대응하는 중국어 표현에 대해 살펴봄으로써 한국어 부사격 조사와 중국어 개사가 대응할 수 있는지, 한국어 부사격 조사는 중국어에서 구체적으로 어떻게 표현되는지, 즉, 한국어 부사격 조사와 중국어 개사의 대응 관계를 고찰하는 데 그 목적이 있다.

부사격 조사의 주요기능은 그것이 붙는 체언으로 하여금 부사어가 되도록 하는 것인데 형태가 많고 그 의미 또한 다의적이어서 그 체계를 정확하게 파악하기가 쉽지 않다. 따라서 부사격 조사는 연구자에 따라 명칭 및 분류에 상당한 차이를 보인다. 이 책에서는 한국어의 많은 부사격 조사를 모두 열거하지 않고 그 중의 의미 기능이 많고 사용빈도가 높은 '로/으로', '에', '에서', '에게', '와/과'에 대하여 검토하였다.

중국어에서 자주 사용하는 개사를 한국어로 번역하였을 때 부사격 조사가 가장 많이 출현한다. 이에 부사격 조사를 연구대상으로 정한 후 한국어와 중국어의 표현대조를 위해 우선 각 부사격 조사가 나타내는 의미를 분류하였다. 이렇게 분류된 의미에 해당하는 예문을 선정하고 그 예문들의 중국어 표현을 찾아 검토하였다. 연구 결과는 많은 경우에 있어 개사 형식이 아닌 다른 요소로 표현된다. 이와 같은 논의한 내용을 바탕으로 의미기능별로 한국어 부사격 조사와 중국어 개사 간의 대응관계를 살펴보았다. 한국어 부사격 조사와 중국어 개사의 의미기능은 비슷하지만 서로 간의 1:1 대응은 많지 않다. 이는 통사적과 의미적인 제약관계나 화용적인 차이에서 기인되는 제약으로 인하여 대부분 경우에 한국어 부사격 조사와 중국어 개사가 단독으로 완벽히 대응될 수 없다고 말할 수 있다.

이 책의 마지막 부분에서는 중국인 한국어 학습자에 대한 설문조사를 바탕으로 중국인 학습자들의 한국어 부사격 조사 사용 상에 나타난 오류의 양상을 살펴보았고, 이들 오류들이 발생하는 원인을 중국어의 영향, 한국어의 내적요인 두 가지로 나누어 살펴보고, 이러한 오류를 줄이는 효율적인 교육 방안을 제시하였다.

이 책을 내면서 경북대학교의 아름다운 캠퍼스, 함께 공부했던 선후배들, 친절하고 착한 한국 친구들, 함께 유학생활을 했던 중국 친구들, 그리고 조금 힘들었지만 아주 보람있게 보낸 유학시절이 떠올랐다. 저자에게 아주 소중한 시절이었다.

한국에서 공부할 당시 아낌없는 지도를 베풀어 주신 지도교수님이셨던 홍사만洪思滿 교수님, 저자를 가르쳐 주신 여러 교수님들, 그리고 제 학위 논문을 완성하는 데 많은 지도를 해 주신 백두현白斗鉉 교수님, 장태원張泰源 교수님, 논문의 언어표현을 수정해 주신 박점옥朴點玉 선생님 등 많은 선생님들께 감사를 드린다. 특히 출판을 맡으신 경인문화사의 한정희 사장님과 제작 담당자께 깊은 감사의 뜻을 표한다.

2021년 1월
석 견

　　笔者自2003年9月至2010年2月，6余年间在韩国庆北大学攻读了硕士、博士学位。随着专业课程的学习对于韩国语逐渐具有了更系统全面的理解，并受到导师的影响对比较语言学产生了浓厚兴趣，并将探索中、韩两国语言中的语法词素--韩国语助词与汉语介词间"同质性"、"异质性"作为自己的研究方向，并围绕此内容完成了自己的硕士和博士学位论文。

　　获得博士学位回到中国，至今一直在中国山东大学从事韩国语教学及科研工作，并围绕句法学、语义学持续进行汉韩语言的对比研究。

　　此书是笔者将博士学位论文进行修改、完善而完成，主要是补充了在教学过程中新收集到的韩国语助词使用偏误资料及与本主题相关的最新学者论著观点等。

　　韩国语副词格助词位于体词后，具有构成表示时间、地点、工具、手段、原因等相关意义状语的功能。汉语介词通常位于名词或名词词组前，表示时间、地点、方向、方法、对象、原因等各种语法意义。韩国语副词格助词与汉语介词在语法功能及表意上具有相似性，因此，很多学习韩国语的中国学生具有认为韩国语副词格助词与汉语介词是完全对应的错误理解。

　　本书即从这一假定出发，通过全面考察与韩国语副词格助词对应的具体汉语表现形式，从而细致分析韩国语副词格助词与汉语介词的对应关系。

　　副词格助词的主要功能为使其所接体词成为句中状语，但副词格助词不仅形态多样，同时又具有多义性，对其体系进行准确划定并非易事。因此，不同学者对于副词格助词的名称命名及分类均有不同。本书选取韩国语副词格助词中功能最多、使用频率最高的"로/으로"、"에"、"에서"、"에게"、"와/과"五个助词为研究对象进行了探讨。

汉语中常用介词在被翻译成韩国语时，常常对译于副词格助词。因此，本书在进入主体论证前，首先对韩国语各副词格助词所表达的语义功能进行了分类，在此基础上根据每种语义功能分别选取典型例句，并考察了其对应的汉语表现形式。结果表明，很多情况下，副词格助词所对应的是介词之外的其他表现形式。基于此对译考察的结果，按照语义功能进一步分析了韩国语副词格助词与汉语介词间的对应关系。通过分析发现，韩国语副词格助词与汉语介词的语义功能相似，但很少出现彼此间一对一的对应关系。这是因为由于受到句法、语义及语用等方面的制约，大部分情况下韩国语副词格助词与汉语介词很难形成一对一的对应关系。

本书的最后部分是基于对学习韩语的中国学生进行的问卷调查，整理中国学生在韩国语副词格助词使用中出现的偏误，并从母语(汉语)迁移、目的语(韩国语)内部原因两个方面对其偏误产生的原因进行了深入分析，并尝试设计了减少偏误产生的有效教学方案。

编撰此书的同时，笔者不禁想起了庆北大学美丽的校园，共同学习的学长学姐、学弟学妹，亲切友好的韩国朋友，共同度过留学生活的中国朋友，以及虽辛苦但却很有意义的留学时光。这些都将成为笔者生命中极其重要且难忘的岁月。

感谢我的导师洪思满教授毫无保留地给予我耐心的指导，感谢留学期间授课的各位教授，感谢在完成博士学位论文过程中给予我莫大帮助的白斗鉉教授、張泰源教授，以及帮助笔者细心修改论文语言表达的朴點玉老师。同时，特别感谢承担此书出版的景仁文化社한정희社长及所有编辑负责团队。

2021年 1月

石 坚

중국 산동대학교의 石堅(SHI JIAN) 교수가 한·중 대조어학에 관한 책을 펴냈다. 이 책은 2010년 경북대에서 취득한 박사 학위 논문을 수정 보완하여 한국에서 출판한 것이다.

석 교수는 중국 흑룡강대학교 한국어학과 재학 중에 우리나라에 교환 학생으로 유학 와서 우리말과 글을 익혔고, 대학을 졸업하자 곧바로 경북대 대학원에 진학하여 석·박사 학위를 취득했다.

대학원 재학 시에는 우리 연구실에서 격조사를 중심으로 공부했고, 박사 학위를 취득한 후 바로 귀국하여 현재 산동대 동북아대학 교수로 강의와 연구에 전념하고 있다.

석사 학위 과정에서는 한국어 격조사 중 다의적인 '로'의 의미 기능을 중심으로 대응하는 중국어 개사介詞와 대조적 관점에서 기술했고, 박사 학위는 외연을 넓혀 여러 가지 부사격 조사와 그에 대응하는 중국어 개사들과의 통사·의미론적 기능을 대조 분석했다. 한편, 대조 언어학의 연구 목적에 상응하는 외국어 교육에 이를 적용하여, 중국인의 한국어 학습에 관한 오류 분석과 그 교육 방안에 대해 논했다.

대조언어학은 어떤 특정 언어를 타 언어와 비교하여 그 이동異同을 밝히는 것으로, 유사점을 통하여 언어의 보편적인 기능을 구명하고, 상이점을 통하여 개별 언어가 가진 특수성을 밝히는 것이다. 특히 상이점에 초점을 맞추어 서로 다르다는 사실이 가지는 본질적인 의의를 정확하게 탐색하고, 그 상이점의 원인을 추구하는 언어학 연구의 한 장르이다. 나아가 응용언어학적 관점에서, 대조의 연구 결과가 효율적인 외국어 교육에 자료와 방안으로 충실히 반영됨으로써 실제적인 학습 자료로 활용하는 것을 목적으로 한다. 대체로 목표 언어인 외국어를 학습하는 과정에서 노출되는 오류를 분석하면, 그 속에는 모국어(원천 언어)의 간섭 현상이 작용하는 것이 통례이다. 이러한 점에서 이 책의 제5장 '오류 분석과 교육 방안'은 주목되는 대목이다. 또한 이러한 오류를 예방하는 장치도 모색되어야 할 것이다.

외국인으로서 우리나라에 유학 와서 오랜 기간 학구에 정진해 온 노고를 기억하며, 학위 취득 과정에서 체득한 학술 내용과 연구 정보를 모국의 제자들에게 소개하며 가르치게 된 것을 기쁘게 생각한 다. 특히 영예로운 학위 논문을 다듬어 국내의 출판사에서 연구서로 간행하게 된 것을 축하해 마지않는다.

이 연구서가 중국인의 한국어 교육과 아울러 한국인의 중국어 교육에 한 권의 지침서가 되기를 바라며, 외국어 교육 전반에 걸친 필독서가 되기를 기대한다. 한국어 교육 과정에서 조사라는 문법 형식 의 존재는 이를 학습하는 외국인이면 누구나 힘들게 체득하는, 한국어 가 가진 두드러진 특징 중 하나이다. 이는 조사의 문법과 의미를 온전하 게 숙지한다는 것이 난해한 학습 과정임을 말해준다. 특히 한·중 양 언어는 언어유형론적 관점에서 보아도 교착어와 고립어라는 계통적인 이질성을 전제하고 있기 때문에, 대조 분석에서 구조적인 차이가 나타 나는 것은 흔히 예견되는 명제일 것이다.

한국어의 부사격 조사는 분포상으로 보면 대체로 체언에 연결되어 여러 가지 격 의미를 표시하며, 문장 성분으로는 연결되는 피접어를 부사어가 되게 한다. 특히 한국어 격조사가 가진 특징 중의 하나는 한 개의 조사 형태가 여러 개의 격 의미를 지배하는 다의성을 가지는 한편, 유사한 격 의미를 표시하는 조사 형태가 다수인 유의성이 현저하 다는 점이다. 따라서 이들을 기능면에서 다의어로 다루어야 할지 동음 어로 보아야 할지가 난제이기도 하다. 부사격 조사에 대응되는 중국어 개사는 일반적으로 명사(명사구) 앞에 위치하여 문법적, 어휘적 의미를 나타낸다. 이러한 분포상의 차이에도 불구하고 의미와 기능적 상관성으로 대조적인 대응점을 모색할 수 있는 것이다. 향후 저자는 이에 관한 연구 대상의 외연을 확장하여, 통사적인 격 표지인 주격, 대격 조사와 한정표지인 특수조사(보조사) 전반에 걸친 양 국어 대조 연구를 연속적으로 수행할 것을 권하고 싶다.

요즈음 대조언어학은 그 학문적 독자성과 고유한 연구 방법, 그리고 이론 체계의 확립 등이 과제로 부상되고 있다. 중국에서의 대조언어학 연구가 꽃을 피우고 많은 열매를 맺게 되기를 기원한다. 그리고 외국어 교육이 실증적인 대조언어학의 토대 위에서 구축되고 큰 성과를 거두기를 기대한다. 나아가 이와 같은 한·중 언어의 대조 연구는 양국의 문화 교류와 선린 관계에도 기여할 것으로 믿는다.

석 교수의 첫 저서 출간을 다시 축하하며, 앞으로 거름 주고 잘 가꾸어 더욱 비옥한 학문 연구의 토양을 형성하기를 바란다.

2021년 1월 30일
경북대학교 명예교수 홍사만

목차

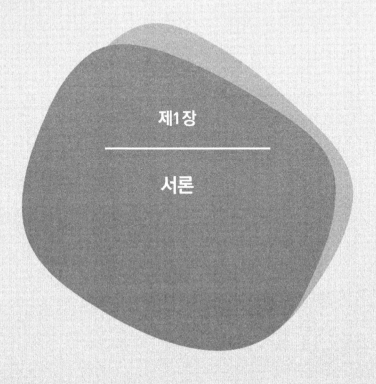

제1장

───────────

서론

1.1. 연구 목적

언어의 형태소는 사물, 동작 등 실질적인 개념 의미를 가진 어휘형 태소와 문법적인 관계만을 표시해 주는 문법형태소로 나눌 수 있다. 한국어 조사와 현대 중국어 개사는 문법적인 관계를 나타내는 문법형 태소에 속한다.[1]

한국어 부사격 조사는 체언에 붙어 '시간, 장소, 도구, 수단, 원인' 등과 관련된 부사어를 만드는 역할을 한다. 중국어 개사는 일반적으로 명사 또는 명사구앞에 위치하여 '시간, 장소, 방향, 방법, 대상, 원인' 등의 각종 문법 의미를 표시해 주는 역할을 한다. 한국어 부사격 조사와 중국어 개사는 의미와 기능에 있어서 이와 같은 유사점이 있기 때문에 많은 중국인 한국어 학습자와 한국인 중국어 학습자는 한국어 부사격 조사와 중국어 개사가 완전히 대응한다고 생각하고 있다.

> (1) a. 학교 방향<u>으로</u> 달려갔다.
>   <u>向(朝/往)</u>学校方向跑去了。
>   b. 나무<u>로</u> 집을 짓다.
>   <u>用</u>木头盖房子。
>   c. 물이 수증기<u>로</u> 변한다.
>   水变<u>成</u>水蒸汽。
>   d. 이 도시는 위치<u>적으로</u> 발전 가능성이 많다.
>   这个城市<u>在</u>地理位置<u>方面(/上)</u>有很大的发展潜力。

---

1) 이익섭·채완(2003: 49)에서는 '한국어에서 명사, 동사나 형용사의 어간, 부사 등은 어휘형태소이고, 조사와 어미는 문법형태소이다.'라고 하였다. 또한 김종호(1998: 34)에서는 '현대 중국어에서 명사, 동사나 형용사 등은 어휘형태소이고, 개사, 조사, 접속사 등은 문법형태소이다.'라고 하였다.

(2) a. 모두 바닥에 앉으세요.

请大家都坐在(到)地上。

b. 어머니는 아침마다 꽃에 물을 준다.

妈妈每天早晨给花浇水。

c. 그 사람은 경찰에 쫓기고 있다.

那个人正在被警察追赶。

d. 상품의 품질이 서방 각국의 제품에 필적한다.

商品的品质可匹敌于西方各国的产品。

e. 감기 탓에 결석했다.

因为感冒缺席了。

f. 이틀에 그 책을 다 읽을 수 있겠니?

两天内(之内)能读完那本书吗?

(3) a. 12시에 학교 앞에서 만나요.

12点(在)学校前见吧。

b. 핸드백에서 흰 봉투를 꺼냈다.

从手袋里拿出白色的信封。

c. 이에서 더 큰 사랑이 없다.

没有比这更宽大的爱。

(4) a. 김 선생님이 저에게 한국말을 가르칩니다.

金老师教给我韩国语。(金老师教我韩国语。)

b. 저 사람에게 비하면 나는 행복한 편이다.

与(和)那个人相比我是幸福的。

c. 너에게 잡힌 물고기가 어디 있어?

被你抓到的鱼在哪儿呢?

예문 (1)~(4)는 한국어에서 모두 '로/으로', '에', '에서', '에게'로 표현되지만 중국어로는 각기 다르게 표현된다는 것을 보여주고 있다. 그리고 예문(1)에서는 제시하듯이 한국어 부사격 조사 '로/(으)로'는 예문(1)a, (1)b와 같이 중국어 개사로 표현되는 것도 있고, 예문(1)c와 같이 중국어 동사로 표현되는 것도 있으며, 예문(1)d와 같이 관용구로 표현되는 것도 있다. 이와 같이 대부분의 부사격 조사는 그 의미가 다양하기 때문에 중국어로 표현되는 데 어려움이 있다.

또한 예문 (2)~(3)에서 보듯이 중국어 개사 '在'는 한국어 부사격 조사 '에'와 '에서'에 모두 대응될 수 있는 경우도 있다. 어떤 경우에 '에'에 대응하고, 어떤 경우에 '에서'에 대응하는지는 학습자가 쉽게 혼동할 수 있다.

본 연구는 이러한 현상에 주목하여 각 한국어 부사격 조사에 대응하는 중국어 표현에 대해 살펴봄으로써 한국어 부사격 조사와 중국어 개사가 대응하는지, 한국어 부사격 조사는 중국어에서 구체적으로 어떻게 표현되는지, 즉, 한국어 부사격 조사와 중국어 개사의 대응관계를 알아보는 데 그 목적이 있다.

본고에서는 한국어의 부사격 조사 중에서 '로/으로', '에', '에서', '에게', '와/과'에 한정하여 논하고자 한다. 이는 이들 부사격 조사가 의미기능이 많고 사용 빈도가 높아서 중국인 학습자가 이들 부사격 조사를 사용하는 데 오류가 많이 나타나기 때문이다.

한국어의 조사는 교착어적 특성과 문법 체계의 복잡성을 잘 보여준다. 비슷한 의미기능을 하는 부사격 조사가 많고 그 쓰임에 따라 체언들 간의 미묘한 의미와 기능 차이가 존재하기 때문에 정확하게 구사하는 능력이 필요하다. 하지만 중국어는 고립어로서 조사가 발달하지 않았다. 따라서 이런 언어적 차이로 인해 중국인 학습자들은 한국어를 배울 때 어려움이 따르며 자신이 전달하려는 의미기능에 맞는 내용을 구사하기 위해서는 정확한 조사 사용 연습이 필요하다.

외국어 학습에 있어서 모국어와 비슷하거나 같은 내용은 쉽게 빨리 배울 수 있는 반면, 모국어와 같지 않은 내용은 학습의 난점이 된다. 중국인 한국어 학습자에게 한국어 조사는 학습의 난제이다. 이러한 점을 고려하여 본 연구에서 설문조사를 바탕으로 중국인 한국어 학습자의 부사격 조사에 대한 오용 분석을 통해서 중국인을 대상으로 하는 한국어 조사 교육 방안을 검토하고자 한다. 이러한 연구는 앞으로 두 나라 언어를 배우는 학습자에게 도움이 될 뿐만 아니라 두 언어를 가르치는 교사에게도 도움이 될 수 있을 것이며, 더 나아가 두 언어를 연구하는 데 참고 자료로 사용될 수 있을 것이다.

1.2. 연구 방법

이 책은 다음과 같이 구성된다.

제1장에서는 본 연구의 목적과 방법, 선행 연구에 대해 살펴본다. 선행 연구를 한국어 부사격 조사 분야와 중국어 개사 분야, 그리고 한국어 조사와 중국어 개사의 대조 연구 분야로 나누어 검토하기로 한다.

제2장은 한국어 조사와 중국어 개사에 대해 살펴본다. 한국어 조사에 대한 고찰에 있어서 먼저 한국어의 교착어로서의 특징을 살펴보고, 다음에 한국어 조사의 정의 및 하위 분류에 대해 살펴본다. 같은 방법으로 중국어의 고립어로서의 특징과 중국어 개사의 정의 및 분류도 살펴본다. 2.3에서는 이러한 고찰을 바탕으로 한국어 조사와 중국어 개사에 대해 비교해 본다.

제3장은 한국어 부사격 조사에 대응하는 중국어 표현을 살펴본다. 이 장에서는 먼저 각 부사격 조사의 다양한 의미를 분류하고 각 의미에 있어 예문을 선정하고[2] 각 예문에서 나온 부사격 조사에 대응하는 중국어 표현을 분석하고자 한다.

제4장에서는 제3장에서 논의한 내용에 입각해서 의미기능별로 한국어 부사격 조사와 중국어 개사의 대응관계를 살펴보고자 한다.

제5장에서는 중국인 한국어 학습자에 대한 설문조사를 바탕으로

---

2) 본고에서 든 예문은 대부분 《표준국어대사전》, 《연세한국어사전》, 《(한국어 학습용) 어미·조사 사전》, 《(외국인을 위한)한국어 학습 사전》, 《한중대사전》, 《(實用)韓中 辭典》, 《(진명)뉴밀레니엄 한중사전》과 이희자·이종희(1998)에서 인용해 온 것이다.

중국인 학습자들이 한국어 부사격 조사를 사용하는 데 나타난 오류의 양상을 살펴보고, 이들 오류들이 발생하는 원인을 분석함으로써 학습자의 오류를 줄이는 효율적인 교육 방안을 제시하고자 한다.

제6장에서는 본 연구에서 드러난 내용을 정리하고 결론을 제시한다.

1.3. 선행 연구

선행연구를 한국어 부사격 조사 분야와 중국어 개사 분야, 그리고 한국어 조사와 중국어 개사의 대조 연구 분야로 나누어 검토하고자 한다.

1.3.1. 한국어 부사격 조사의 선행연구

지금까지 한국어 조사에 대해 많은 학자들이 연구해 왔다. 그 중에 한국어 부사격 조사에 관한 연구도 많고 다양하다.

정병현(1985)에서는 격조사 중에서 부사격 조사를 중심으로 고등학교 문법 교과서를 검토함으로써 부사격 조사는 문장 성분 중의 부사어를 이루고 보격 조사는 보어를 이룬다는 관점에서 출발하여 논의를 전개하였다. 문법 교과서의 부사격 조사 35개 단어를 검토해서 '부사격 조사는 부사격뿐만 아니라 보격조사, 접속조사와 특수조사까지 포함한 넓은 범위로 되어 있다.'라고 지적하였다. 제2장에서는 문장 성분과 조사에 대해 검토하고 제3장에서는 부사격 조사에 대해 검토함으로써 다음과 같은 결론을 내렸다. ①주어, 서술어, 목적어, 보어, 관형어, 부사어, 독립어, 접속어의 8개 문장 성분 중 접속어를 제외하고 각각 격조사와 상관 관계에 있고 접속을 주기능으로 하는 조사는, 문장 성분을 나타내는 격조사의 역할을 하는 것이 아니라 순수하게 연결과 접속의 기능만 발휘하므로 연결조사로 분리하여 독립시켜야 한다. ②문장 성분 중에서 보어를 이루는 보격조사는 그 의미에 따라 부정, 변성, 인용, 비교 보격으로 하위 분류해야 한다. ③문장 성분 중에서 부사어를 이루는 부사격 조사는 그 의미에 따라 처소, 기구(器具), 원인, 상대(相對), 방위(方位), 시발(始發), 여동(與同), 자격, 변화 부사격으로 그 범주를 축소하여 하위 분류해야 한다. 이 연구는 조사의 하위 분류에 대한 연구로서 의미가 있다.

정춘호(1998)에서는 부사격 조사를 대상으로 통사적 기능을 밝히고, 이에 따라 분류를 새롭게 하고 목록을 확정하는 데 목적을 두었고 서술어의 자릿수와 논항, 격조사 교체 현상 등을 검토한 바, 그 통사적 기능에는 보어 논항 구성 기능과 부사어를 구성하는 기능이 있다는 결론을 내었다. 이에 따라 이른바 부사격 조사를 '보격조사'와 '부사어를 구성하는 조사'로 재분류하였다. 또한 '가/이', '를/을'과 연구자의 판단 기준에 따라 분류에 차이를 보이는 조사 목록(인용 유형, 비교 유형, 보조사 유형, 파생형태 유형, 조사 겹침 유형)들에 대해서도 보어 논항 구성 기능이 있는가를 검토하여 이른바 부사격 조사의 목록을 확정하였다.[3] 그러나 이 연구에서는 보격을 설정했으나 보격 실현의 원리가 명시적으로 설명되지 못했으며, 보어 논항의 검증 기제로 '생략'을 들었으나 이는 직관적이어서 객관성 확보에 문제가 있었다.

曾天富(2004)에서는 중국의 한국어를 가르치는 교육 현장에 입각해서 중국 학생들의 작문에서 오용이 많이 나타나는 부사격 조사 '에'와 '로/으로'를 연구 대상으로 삼고 이 두 조사에 공통되는 의미와 기능을 제시하고, 그 용법의 선별 규칙을 정리하였다. 그리고 세 가지 단계로

---

3) 원문에서는 부사격 조사의 목록은 다음과 같이 설정되어 있다.

  (1) 보어 논항 구성 기능

  : '-에', '-에게', '-한테', '-더러', '-보고', '-에서', '-로', '-와', '-(이)랑', '-하고', '-보다', '-가', '-고', '-처럼', '-같이', '-마냥', '-만', '-(이)나', '-로부터', '-에게서', '-한테서' (21개)

  (2) 부사어 구성 기능

  : '-에', '-에게', '-한테', '-에서', '-로', '-와', '-(이)랑', '-하고', '-보다', '-고', '-라고', '-처럼', '-같이', '-마냥', '-마따나', '-대로', '-치고', '-말고', '-따라', '-로부터' (20개)

외국어로서의 한국어 부사격 조사 '에'와 '로/으로'의 교수 모형을 제시하였다.

이지수(2006)에서는 형태를 중심으로 한 격의 개념과 체계를 정리하고, 이를 바탕으로 부사격 조사 '에'와 '로/으로'가 가지는 의미 특성을 밝히는 것을 목적으로 논의를 전개하였다. 격과 그 분류 체계, 격조사의 지위에 대하여 지금까지의 연구가 가지고 있는 문제들을 검토하고 정의한 격의 개념과 체계에 입각하여 각 조사의 통사, 의미 특성을 살펴보았다. 이 연구에서는 각 조사구가 실현될 수 있는 문장들에서 형식화할 수 있는 조사의 의미 영역을 찾고자 노력하였다. '에'는 결합명사구 NP가 나타내는 지점을 일정한 영역을 가지는 공간으로 한정하고, NP를 대상화한다. 이 때 결합명사구는 '시간 안정성'을 가지며, '에 조사구'는 한계성을 가지는 이동동사와 결합하여 도착점이나 목표점을 나타내었다. 이러한 '에', 결합명사구, '에 조사구'의 의미 특성은 부사격 조사 '에'의 '대상화'라는 의미기능으로 귀결될 수 있다고 하였다. 그리고 '로/으로'가 나타나는 문장은 결합명사구가 행위의 도착점으로 볼 수 있는지에 따라 두 가지 유형으로 나눌 수 있었다. 결합명사구가 행위의 도착점으로 해석되는 경우 그 문장은 '대상의 NP로의 이동'을 나타내며, 그러한 관계가 성립하지 않는 경우에 '행위 과정이 지속되는 동안 결합명사구의 존재, 또는 상태의 유지'라는 의미 공통점을 찾을 수 있다고는 결론을 내렸다.

이 외에 부사격 조사 중에서 가장 다양한 의미 및 통사적 특징을 지닌 '에'와 '로/으로'의 용법을 상세화한 것으로 남기심(1993)이 있다.

1.3.2. 중국어 개사의 선행연구

중국어 개사에 대한 대표적인 연구로는 아래와 같은 것이 있다.

이영호·이한구(1987)에서는 중국어 개사와 동사, 그리고 접속사와 부사 간의 관련성에 대해 연구하였다. 개사는 동사에서 변해 왔으며, 그 뜻에 있어서 아직도 동사의 영향을 받고 있는 것이 있으며,[4] 동사의 원래 뜻과는 거리가 먼 것도 있고,5) 동사와는 관계가 없는 것으로6) 동사와 개사의 관련성을 파악할 수 있다고 밝혔다.7) 개사와 접속사는 연결 작용과 字意의 근원적인 면을 살펴 양 품사의 품사 구분과 문법상의 경향으로 이루어 볼 때 양 품사는 그 관련성이 거의 없다고 하고,8) 개사와 부사의 어휘적인 면과 문법적인 면을 살펴 양자(兩者)의 관련성 또한 거의 없는 것으로9) 파악할 수 있다고 결론을 내었다.

---

4) 用, 比, 在 등이 있다. (이영호·이한구 1987: 88)

5) 把, 被, 从 등이 있다. (이영호·이한구 1987: 88)

6) 关于, 自从, 因为 등이 있다. (이영호·이한구 1987: 88)

7) 원문에서는 이중 혼란을 일으키게 되는 개사와 동사에 관해 각 품사의 여러 가지 문법적 성격을 살펴 일곱 가지 한계를 제시하였다. ①동사는 단독으로 사용할 수 있으나 개사는 개사구조를 통해서만 사용된다. ②동사는 단독으로 물음에 대답할 수 있으나 개사는 분명한 實義가 없어 대답할 수 없다. ③동사는 重疊할 수 있으나 개사는 重疊 사용이 불가능하다. ④동사는 時態조사를 붙일 수 있으나 개사는 時態조사를 부가할 수 없고, 일부 개사(了, 经过, 朝着 등)에 부가된 것은 시태조사가 아닌 개사자체의 고유한 성분으로 취급된다. ⑤동사는 추향(趨向)동사를 부가할 수 있으나 개사는 동작의 豫動, 起動 등을 의미하는 '来, 去, 起来, 下去'의 추향동사를 붙일 수 없다. ⑥동사는 부정식이나 正反形의 의문문을 만들 수 있으나 개사는 불가능하다. ⑦동사가 취하는 목적어는 그 이동이 가능하나 개사의 목적어는 개사구조를 형성하는 요소로 이동할 수 없다. (이영호·이한구 1987: 89)

8) 그런데 개사 중 접속사를 겸하고 있는 몇몇 단어들이 존재하여 역시 혼동을 일으키는 데 이점은 다음과 같이 그 한계를 구분지어 볼 수 있다. 첫째, 접속사는 연결 작용이 있고 개사는 동사 혹은 형용사를 수식하는 작용이 있다. 둘째, 접속사는 문장에서 평등 혹은 主從의 지위를 갖는 데 반해 개사를 중심으로 구성된 문법 단위는 主客의 지위를 지닌다. 셋째, 접속사 앞에는 수식성분을 삽입할 수 없으나 개사는 앞에 시간부사, 상태부사, 조동사의 수식성분을 삽입할 수 있다. 넷째, 접속사는 때때로 생략할 수 있거나 쉼표를 사용하여 대치할 수 있으나 개사는 생략할 수 없고 쉼표를 사용하여 대치할 수도 없다. 다섯째, 접속사를 중심으로 연결된 문법단위는 문장에서 이동이 가능하나 개사를 중심으로 형성된 문법단위는 그 이동이 불가능하며 만약 그 위치가 바뀌면 원래의 文意와는 다르게 된다. 여섯째, 접속사는 두 개의 문법단위가 접속사 앞뒤에 구성되거나, 접속사가 이끄는 문법단위가 보통 分句의 형태를 구성한다. 개사는 두 개의 문법단위가 개사를 중심으로 앞뒤에 구성되지 못하며, 分句의 형태도 취할 수 없다. (이영호·이한구 1987: 90)

9) 개사 중 부사를 겸하고 있어 혼동을 일으키게 되는 소수의 단어에 대해서는 다음과 같이 한계를 구분지어 볼 수 있다. 첫째, 개사는 단독으로 수식할 수 없으나 부사는

허성도(1988)에서는 중국어에서 기점(起點)을 표시한다고 일반적으로 알려지고 있는 개사 '从, 由, 打, 自, 自从'에 대하여 논의를 하였다. 이 연구에서는 기점의 종류를 시간기점, 사건기점, 처소기점, 범위기점으로 분류하고 그 각각의 경우를 다시 세분하여 구체적인 상황을 살펴보고 다음과 같은 결과를 얻어 내었다. ①개사 '从, 由, 打, 自, 自从'은 循環時間詞를 목적어로 취하여 시간기점을 표시할 수 있다. ②사건기점을 표시할 수 있는 개사는 '从'과 '自从'이다. 다른 개사는 이러한 기능을 자연스럽게 담당하지 못한다. ③처소기점을 표시할 수 있는 개사는 '从, 由'이다. 경과의 노선이나 지점을 표시할 수 있는 개사는 '从, 由, 打'이다. ④復合時間詞, 循環時間詞, 關係時間詞는 '从, 由, 打, 自'의 목적어가 되어 시간 범위의 기점을 표시할 수 있다. 처소 범위에 있어서 구체적 처소는 '从, 由, 打, 自'의 목적어가 되어 처소 범위의 기점을 표시할 수 있다. 추상적 범위의 기점을 표시할 수 있는 것은 '从'이며, '由, 打, 自'는 이에 부적합하다. ⑤변화의 기점을 표시하는 개사는 '从, 由, 自'이며, '打'는 이러한 기능을 담당하지 못한다.

한정은(2003)에서는 현대 중국어에 있어서 '대상의 표지'로 함께 사용되고 있는 '给, 替, 为'를 연구 대상으로 삼았다. 이 연구에서는 먼저 개사 '给, 替, 为' 각각의 의미와 용법을 검토하였는데 '给'는 동사와 개사, 조사로의 용법을 가지고 있고[10] '替'는 동사와 개사,

---

단독으로 수식할 수 있다. 둘째, 개사는 개사구조로서 문장성분이 되는데 부사는 단독으로 문장성분이 된다. 셋째, 개사는 명사성의 성분만이 결합되고 부사는 동사, 형용사 등의 성분과 결합된다. (이영호·이한구 1987: 90~91)

10) 동사로서의 '给'는 給與와 使役의 의미를 가지고 있으며 이중목적어 동사이다. 다른 동사와 함께 쓰였을 때는 세 가지 문형, 즉 'V+给+N1+N2', 'V+N2+给+N1', '给+N1+V+N2'의 경우로 나눌 수 있다. 첫 번째의 경우에서는 給與의 의미를 지니는 동사와 함께 쓰이고 있고, 두 번째의 경우는 給與類 동사외에 製作類 동사와도 함께 쓰이고 있음을 알 수 있었다. 마지막의 경우에는 朱德熙는 이 때의 '给'를 동사로 보고 있으나 대부분의 학자들은 개사로 보고 있으므로 이 논문에서는 이 때의 '给'를 개사로 보고 진행을 하였다. 개사로서의 '给'는 사물의 접수자(接受者)를 소

두 가지 용법을 가지고 있으며,[11] '为'는 성조에 따라 동사와 개사의 두 가지 용법이 있다. 즉, 동사로 쓰일 때의 '为'는 2성이 되며, 개사로 쓰일 때는 2성인 경우와 4성이 되는 두 가지 경우가 있다고 밝혔다.[12] 그 다음으로 '给, 替, 为'가 개사로 쓰인 '给/替/为+O+VP' 문형에 대해서 또한 검토하였다. 이 문형에서 '给, 替, 为'가 함께 쓰일 때, 어느 경우에서는 互換을 하여도 문장의 의미가 달라지지 않으나 어느 경우에는 달라지고 있음을 볼 수 있다고 하였다. 그리고 '给, 替, 为'가 개사로 쓰이는 데 있어 공통점은 수혜(受惠)대상을 소개하는 경우라는 것을 알 수 있지만 동일한 문장 내에서도 동사의 의미에 따라서 문장의 의미가 동일하기도 달라지기도 함을 볼 수 있으며, 또한 '替'와 '为'는 관섭(关涉)대상을 소개하는 용법에서 공통점을 나타내고 있었으나 목적어의 표지에 있어서 '为'의 범위가 좀 더 확대되어 있다는 결론을 내었다.

박건영(2010)에서는 현대 중국어에서 자주 사용되는 개사의 용법을 새로운 관점에서 설명하려는 시도를 하였다. 이 연구에서는 개사에 대한 설명을 한글 번역에 의존해서는 곤란하다는 점과 기존의 개사에 대한 설명에서 조금 더 설명력 있는 새로운 방법의 필요성을 지적하고, 나아가 대안으로서 도형 설명법을 제시하였다. 특히 趙元任(1968)에서 제시하는 도형 설명법을 보완하고 좀 더 상세한 해설을 첨가하였다.

임지영(2007)에서는 현대 중국어 개사인 '朝, 到, 往, 向'의 의미와

개하고, 수혜(受惠)대상, 표현대상, 동작행위의 객체와 주체를 소개하는 용법을 가지고 있으며, 조사로서의 '給'은 일반적으로 口語에 많이 사용되며 동사 앞에 위치하여 '把字句'와 '被字句'에 쓰이고 있음을 살펴보았다. (한정은 2003: 71)

11) 동사로의 '替'는 '대체하다'의 의미를 가지고 있으며, 개사로서는 대체(代替)대상과 수혜(受惠)대상, 관섭(关涉)대상을 소개하는 용법을 가지고 있다. (한정은 2003: 71)

12) 동사로 쓰일 때의 '为'는 지금은 書面語에 다양한 의미와 용법으로 많이 쓰이고 있다. 개사로서의 '为'는 성조에 따라 두 가지 용법이 있는데 2성일 경우와 4성일 경우로, 2성일 경우 '为'는 施事를 소개하며 '所'와 함께 '被'의 의미로 쓰여 피동문을 구성한다. 4성일 때의 '为'는 수혜(受惠)대상과 관섭(关涉)대상, 목적이 되는 것을 소개하는 용법을 가지고 있음을 알아보았다. (한정은 2003: 71~72)

용법상의 특성을 살펴보고 상호 비교함으로써 이들의 공통점과 차이점을 밝힌 바 있다.

이 외에 중국에서 개사에 대해 연구한 책으로는 陈昌来의 《介词与介引功能(개사와 개사의 기능)》(2002)과 马贝加의 《近代汉语介词(근대 한어 개사)》(2002)가 대표적이다. 陈昌来(2002)에서는 전반적으로 중국어 개사의 특징, 기능, 범위에 대해서 검토하였고, 马贝加(2002)에서는 근대 중국어 개사를 처소를 표시하는 개사, 시간을 표시하는 개사, 대상을 표시하는 개사, 방식을 표시하는 개사, 원인을 표시하는 개사와 범위를 표시하는 개사 여섯 가지로 나누어 각각 개사의 의미와 기능에 대해 검토하였다.

1.3.3. 한국어 조사와 중국어 개사 대조의 선행연구

한·중 양국은 1992년 수교 이후로 각 분야의 교류가 빈번해졌으며 이에 양 나라 언어를 배우는 학습자도 많아졌다. 한국어와 중국어의 대조 연구는 21세기에 들어서 많아 졌는데, 그 중에 한국어 조사와 중국어 개사의 대조 연구도 보인다.

한국어와 중국어의 대조 연구에 있어 대표적인 학자로 崔健을 들 수 있다. 崔健(2002)은 한국어와 중국어의 범주표현을 지칭, 위치, 처소, 추향, 존재, 시간, 수량, 도구와 재료, 비교, 범위, 정도, 빈도, 부정, 접속 15가지로 나누어 기술하고 있다. 그는 처소, 도구와 재료 범주에서 중국어 개사 '在, 从, 往/向/朝, 从……到, 用/以'가 '에서, 에서 (부터), 을 향하여, 로/으로, 까지, 에, 로(써)'와 대응되는 것으로 본다. 하지만 그는 한국어 조사에 대응하는 다양한 중국어 표현에 대해서는 자세히 기술하지 않았다.

박덕준·박종한(1996)에서는 한국어와 중국어에서 동사와 목적어 사이의 의미 관계 분석을 통하여 한국어의 목적어가 중국어에서는 어떻게 표현되며 또한 중국어의 목적어가 한국어에서는 어떻게 표현 되는가를 밝힘으로써 두 언어의 공통점과 차이점을 대조하여 기술하였다. 대조 분석을 하는 과정에서 중국어의 경우에 목적어를 동사 앞으로 전치할 경우에 어떤 개사를 사용할 수 있는가를 검토하였다. [피 영향자]의 경우에는 주로 '把'를 사용하지만 [결과된 사물]은 '成'을, [피동작성 활동 대상]은 '对'를, [도구]와 [방식]은 '用'을, [목적]은 '为'를, [원인]은 '因为'를 사용한다. [처소] 목적어는 또 다시 [기점]과 [경과점]을 의미할 때와 [종점]을 의미하는 경우로 나눌 수 있는데 전자의 경우에는 '从'을 후자의 경우에는 '到'를 사용한다고 하였다.

이화영(1998)에서는 '给'의 역할에 초점을 맞추어 '给'가 '~를 위하여'나 '~를 대신하여'등의 의미로 쓰일 때와, 동사술어 뒤에 방향보어가 올 때 '给+명사'는 부사어로 쓰이는 반면, '给+명사'가 보어로 쓰이면 '给'에는 '주다'의 의미가 강하므로 물건(목적어)이 동사술어의 동작을 통해 즉각 상대방으로 옮아가고, 또한 목적어는 대부분 개사 '把'(혹은 将)를 써서 도치하는 '把字文'으로 쓰이고 있음을 확인하였다.

한국어 조사와 중국어 개사 대조 연구에 대한 논문으로 박창수(2005)가 대표적이다. 이 논문에서 한국어 격조사 '에', '에서'를 중심으로 중국어와 어떻게 대응하는가를 고찰한 바 있다. 그는 '에'와 '에서'가 나타내는 의미별로 예문을 선정하고 그 예문들의 중국어 표현을 찾아 검토했다. 그는 많은 경우에 있어 '에'와 '에서'는 중국어 개사 형식이 아닌 다른 요소로 표현된다고 결론을 내었다.

이상으로 한국어 부사격 조사, 중국어 개사, 한국어 조사와 중국어 개사의 대조 연구에 대한 선행연구를 살펴보았다. 그러나 지금까지 한국어 부사격 조사와 중국어 개사 전반에 대한 대조 연구는 찾아보기가 어려운 상태이다. 이 현실에서 출발하여 이상으로 살펴본 선행연구의 성과를 참고하고 활용해서 본 연구를 이루게 될 것이다.

제2장

한국어 조사와
중국어 개사

2.1. 한국어 조사의 정의 및 하위 분류

2.1.1. 교착어로서의 한국어 특징[1]

한국어는 교착어(또는 첨가어)이다. 여기서 형태·통사적인 면에서 교착어로서의 특징을 검토해 보도록 한다.

형태적으로 보면 한국어는 어근에 파생 접미사나 어미가 붙여서 사용된다. 즉, 한국어는 어근을 중심으로 거기에 뜻을 더하거나 품사를 바꾸는 접사, 또는 어미가 차례로 여럿이 덧붙어서 단어가 이루어지는 첨가적 성격을 띤 언어이다.

언어마다 문장을 구성하는 방식이 다르지만, 언어는 대체로 SOV, SVO, VSO의 세 가지 유형으로 구분된다. 한국어는 SOV의 문장 구성을 갖는 언어로 통사적으로 다음과 같은 몇 가지 특징이 있다.

첫째, 한국어에서는 모든 문법적 형태소 곧, 문장 안에서 체언의 기능을 보여 주는 조사, 용언의 활용어미 같은 것들은 반드시 어근이나 어간 뒤에 온다. 즉, 조사는 체언 뒤에 붙어 쓰이며, 활용어미는 용언의 어간 뒤에 쓰인다.

둘째, 한국어에서 문장 구성 요소의 자리 옮김이 자유롭다. 부사도 문장 부사의 경우는 그 자리를 문장 안에서 마음대로 옮길 수 있지만[2] 성분 수식 부사나[3] 관형사는[4] 자리를 옮기지 못한다.

---

1) 이 내용은 남기심·고영근(1993: 21~29)의 견해를 토대로 정리함.
2) 원문에서 다음과 같은 예문을 들고 있다. (남기심·고영근 1993: 24)
   a. 냇물이 남쪽으로 흐른다.
   a'. 남쪽으로 냇물이 흐른다.
   a". 남쪽으로 흐른다, 냇물이.
   a'''. 냇물이 흐른다, 남쪽으로.
3) 원문에서 다음과 같은 예문을 들고 있다. (남기심·고영근 1993: 24)
   a. 그는 그림을 잘 그린다.
   a'. *? 그는 잘 그린다.

셋째, 체언을 꾸며 주는 관형어는 그것이 단어이든 절이든 반드시 꾸밈을 받는 체언 앞에만 온다.

넷째, 한국어에서는 주어와[5] 목적어가[6] 여럿이 잇달아 나타나는 문장 구성이 있다.

다섯째, 한국어 활용어미는 용언의 일부로서 어간과 더불어 한 단어를 이루지만 그 문법적 기능은 문장 또는 용언구 전체에 미친다.

2.1.2. 한국어 조사의 정의 및 하위 분류

남기심·고영근(1993)에서는 '조사는 자립성이 있는 말에 붙어 그 말과 다른 말과의 관계를 표시하는 품사'로 정의하고 있다.[7]

이희승(1998)에서도 조사에 대한 정의가 이와 비슷하게 '조사는 체언이나 부사 또는 부사 구실을 하는 용언 뒤에 붙어서 그 말과 다른 말과의 관계를 나타내거나 또는 그 말의 뜻을 도와주거나 하는 품사'라고 정의하고 있다. 이와 같은 조사에 대한 정의는 임홍빈 외 (1997)에서도 마찬가지이다.[8]

---

  a". *? 잘 그는 그림을 그린다.
 4) 원문에서 다음과 같은 예문을 들고 있다. (남기심·고영근 1993: 24)
　　a. 이 근처에 새 건물이 많이 들어섰다.
　　a'. *이 근처에 건물이 새 많이 들어섰다.
 5) 원문에서 다음과 같은 예문을 들고 있다. (남기심·고영근 1993: 25)
　　a. 영희가 마음씨가 곱다.
　　b. 그 책이 표지가 색깔이 마음에 든다.
　　c. 이 곳에 모인 사람들이 노인이 많았다.
　　d. 달은 보름달이 밝고 크다.
　　e. 오늘은 내가 고기가 잘 잡힌다.
 6) 원문에서 다음과 같은 예문을 들고 있다. (남기심·고영근 1993: 26)
　　a. 친구들이 나를 등을 밀어 무대에 나서게 하였다.
　　b. 그 돈으로 생선을 큰 것을 한 마리를 사는 것보다 작은 것 여러 마리를 사는 것이 낫다.
 7) 남기심·고영근(1993: 97)에서는 조사의 기능에 대해서 살펴 본 다음에 다시 '조사는 단어 또는 어절에 붙어 그 말의 다른 말과의 관계를 표시하거나 어떤 뜻을 더해 주는 것이다'라고 고쳐 정의하였다.

이와 달리 한국어 조사에 대한 정의에 있어서 이익섭 외(1997)에서는 조사의 격 표지의 기능을 강조하여 '조사는 주로 명사에 첨가되어 그 명사의 격을 표시해 주는 일이 그 주된 기능인 품사다.'라고 정의하고 있다.

이상에서 알 수 있듯이 한국어 조사는 주로 체언 뒤에 붙어 다른 말과의 문법적 관계를 표시해 주거나 어떤 뜻을 더해 주는 품사라고 말할 수 있다.

한국어 조사의 하위 분류에 있어서 다음과 같이 학자마다 차이를 보인다.

이익섭·채완(2003)에서는 한국어 조사를 격조사와 특수조사 두 가지로 구분하였다. 이와 같이 한국어 조사를 크게 두 가지로 분류하는 것은 이익섭 외(1997)와 임동훈(2004) 등이 있으며, 그 하위 분류도 동일하다.

이와 달리 남기심·고영근(1993)에서는 한국어 조사를 격조사, 접속조사, 보조사(특수조사) 세 가지로 분류하고 있다. 임홍빈 외(1997)에서도 이와 같은 세 가지로 나누어 있다.

그리고 부사격 조사는 그것이 붙는 체언으로 하여금 부사어가 되도록 하는 것인데 형태가 많고 그 의미가 또한 다의적이어서 그 체계를 정확하게 파악하기가 쉽지 않다. 때문에 부사격 조사는 연구자에 따라 명칭 및 분류에 상당한 차이를 보인다.

남기심·고영근(1993)에서는 부사격 조사라는 명칭을 사용하고 격조사를 주격, 서술격, 목적격, 보격, 관형격, 부사격, 호격 일곱 가지로 분류하였다. 이를 종합하여 나타내면 아래 [표 1]과 같다.

---

8) 조사는 주로 체언과 결합하여 다른 말과의 문법적 관계를 나타내주므로 관계어라고 부른다. (임홍빈 외 1997: 122)

[표 1] 남기심·고영근(1993)에서 설정한 조사 하위 분류

격 조 사							접속 조사	보조사
주격	서술격	목적격	보격	관형격	부사격	호격		
이/가 께서에서	이다	을/를	이/가	의	에(에, 에게, 한테, 께, 더러, 보고) 에서(에게서, 한테서, 로부터) (으)로(에게로, 한테로, 에) 로써(로) 와/과(처럼, 만큼, 보다) 와/과 로 라고 고	아/ 야	와/과 하고 (이)며 에다 (이)랑	는, 도, 만, 부터, 까지, 조차, 마다, (이)나, (이) 든지, (이)라 도, 마저, (이)나마

이 연구에서는 아래와 같은 예문들을 제시하므로 부사격 조사를 모두 아홉 가지로 분류하였다.

(5) a. 영수는 집에 있다.
　　b. 그것은 부산에서 가져 왔다.
　　c. 어디로 가십니까?
　　d. 칼로(써) 사과를 깎아라.
　　e. 배꽃의 회기가 눈과 같다.
　　f. 나와 같이 가지 않겠니?
　　g. 뽕밭이 바다로 바뀌었군!
　　h. '이리 오너라'라고 아버지가 말씀하신다.
　　i. 이리 오라고 아버지가 말씀하신다.

　(5)a의 '집에'의 '에'는 처소(낙착점)의 의미를 나타내는데 이러한 부류의 조사에는 '에, 에게, 한테, 께, 더러, 보고' 등이 있다. (5)b의 '부산에서'의 '에서'는 처소(출발점)를 의미하는 것으로 '서'가 붙은 '에게서, 한테서'와, '로부터'가 여기에 속한다. (5)c의 '어디로'의 '로' 는 처소(지향점)를 의미하는 것인데 '(으)로'와 그것이 붙은 '에게로, 한테로' 및 '에'가 이러한 범주에 속한다. (5)d의 '칼로(써)'의 '로써'는 도구를 의미하는데 보통 '로'로 쓰이는 일이 많다. (5)e의 '눈과'의

'과'는 비교의 대상이 됨을 의미하는데 이러한 부류에는 '처럼, 만큼, 보다' 등이 있다. (5)f의 '나와'의 '와'는 동반의 뜻을 표시하는데 접속조사 '하고, (이)랑'도 비슷한 기능을 띠고 있다. (5)g의 '바다로'의 '로'는 변성(變成)의 의미를 띠고 있다. (5)h의 '라고'는 직접인용의 조사이고 (5)i의 '고'는 간접인용의 조사이다.

임동훈(2004)에서는 부사격 조사라는 명칭을 사용하지 않고 의미격 조사라고 하여 한국어 격조사를 문법적 조사와 의미격 조사 두 가지로 나누고 있다. 이를 정리하면 아래 [표 2]와 같다.

[표 2] 임동훈(2004)에서 설정한 조사 하위 분류

격 조 사		특 수 조 사	
문법격 조사	의미격 조사	후치사	첨사
이/가, 을/를, 의	에/에게, 에서, 으로/로, 와/과	만, 까지, 다가, 밖에, 부터, 조차, 처럼, 같이, 보다, 만큼, 뿐, 대로	은/는, 이야/야, 이나/나, 이라도/라도

이익섭·채완(2003)에서는 역시 부사격 조사라는 명칭은 사용하지 않고, 부사격 조사의 의미를 세분하여, 의미 기능에 따라 격 명칭을 부여하였다. 이 연구에서의 조사에 대한 자세한 분류는 다음과 같다.

[표 3] 이익섭·채완(2003)에서 설정한 조사 하위 분류

	주격	이/가, 께서, 에서
	보격	이/가
	대격(목적격)	을/를
	속격	의
	처격	에, 에서
	여격	에, 에게, 한테, 더러
격조사	구격	(으)로
	향격	(으)로
	자격격	(으)로
	공동격	와/과, 하고
	비교격	보다, 처럼, 만큼, 같이
	호격	아/야, 여/이여, 이시여
특수조사		는, 만, 도, 조차, 마저, 까지, 나, 나마, 라도, 야

본고에서는 앞 내용에서 제시한 한국어의 많은 부사격 조사를 모두 열거하지 않고 그 중의 의미 기능이 많고 사용 빈도가 높은 '로/으로', '에', '에서', '에게', '와/과'에 관하여 논하고자 한다. 그리고 다시 '처격', '여격', '향격' 등으로 나누지 않고 어형만을 중시하며 검토할 것이다.

2.2. 중국어 개사의 정의 및 하위 분류

2.2.1. 고립어로서의 중국어 특징9)

중국어는 한국어와 달리 고립어에 속한다. 고립어란 낱말의 형태 변화 없이 의미를 가진 낱말의 어순에 따라 문법적인 관계가 구성되는 언어를 말한다.10)

중국어 문법의 가장 대표적인 특징이라면 엄격한 의미에서 형태 표지와 형태 변화가 결여되어 있다는 것이다. 다음으로 고립어로서의 중국어 특징은 다음과 같은 네 가지로 검토하기로 한다.

첫째, 중국어의 어순은 비교적 고정적이다. 중국어에 있어서 어순은 다른 언어에 비해 매우 중요한 의미를 갖는다. 즉, 단어가 문장에서 놓이는 위치에 따라 문법적 관계가 결정된다. 중국어의 기본적인 어순은 주어가 술어의 앞에 위치하며, 술어는 목적어나 보어의 앞에 위치하고, 수식어는 중심어 앞에 위치한다. 문장 안에서 각 문장 성분의 위치 분포는 다음과 같다.

{(부사어) + (관형어+) 주어 + (부사어+) 서술어 (+보어) + (관형어+) 목적어}

둘째, 허사(虛詞)의 사용은 다양하고 융통성이 있다. 중국어는 형태

---

9) 이 내용은 김종호(1998)와 맹주억(1992)의 견해를 토대로 정리함.
10) 김현철·김시연(2002) 참조.

변화가 결여된 까닭에 허사의 사용이 다양하고 빈도도 높다.

    (6) a. 他在写一本小说。
        그는 한 권의 소설을 <u>쓰고 있다</u>.
      b. 他写了一本小说。
        그는 한 권의 소설을 <u>썼다</u>.
      c. 他写一本小说来着。
        그는 한 권의 소설을 <u>쓰고 있었다</u>.
      d. 他曾写过一本小说。
        그는 일찍이 한 권의 소설을 <u>쓴 적이 있다</u>.

한국어의 경우 동사 '쓰다'에 여러 가지 어미를 더하여 시제나 상을 표현한다. 그러나 중국어의 경우는 동사 '写'에는 변화가 없다. 이 고정된 낱말을 중심으로 앞뒤에 허사 '在, 了, 来着, 曾…过' 등을 더하여 시제와 상을 표현한다.

셋째, 품사의 분류에 있어 겸류현상(兼類現象)이 있다. 중국어에서 한 단어가 사용되는 환경에 따라 여러 품사로 분류되는 경우가 있다.

    (7) a. 他在家。
        그는 집<u>에</u> 있다.
      b. 他在家休息。
        그는 집<u>에서</u> 쉰다.
      c. 他在看书。
        그는 책을 <u>보고 있다</u>.

예문(7)에서 동일한 단어 '在'는 각각 a에서는 동사, b에서는 개사, c에서는 부사이다.

넷째, 각 문법 단위의 구조는 기본적으로 일치한다. 중국어의 단어 구조, 구의 구조, 문장의 구조 등은 기본적으로 일치한다. 이들 기본적인 구조는 병렬식(竝列式), 수식식(修飾式), 술목식(述目式), 술보식(述補式), 주술식(主述式)의 다섯 가지로 나눌 수 있다.

[표 4] 중국어 문법 단위의 기본적인 구조 유형

기본구조	단 어	구
병렬식	兄弟(형제), 姐妹(자매)	兄弟姐妹(형제자매)
수식식	农业(농업), 大学(대학)	农业大学(농업대학)
술목식	担心(걱정하다), 失业(실직하다)	担心失业(실직할 것을 걱정하다)
술보식	提高(향상시키다)	提高得快(빨리 향상시키다)
주술식	地震(지진)	地震多了(지진이 많아졌다)

2.2.2. 중국어 개사의 정의 및 하위 분류

중국어 개사에 대한 정의에 있어 학자들은 거의 같은 견해를 가지고 있다.

맹주억(1992)에서는 중국어 개사에 대해 '전치사(개사)는 명사, 대체사(대명사) 혹은 단어 결합의 앞에 부가되어 시간, 장소, 방향, 원인, 방식, 대상, 비교 등을 표시하는 단어이다.'라고 정의하고 있다.

邢公畹(1994)에서는 중국어 개사는 전치사라고도 하고 명사, 대명사 또는 명사구 앞에 위치하여 이 명사 성분과 결합해서 서술어를 수식하는 허사이고, 주로 처소, 방향, 시간, 상태, 방식, 원인, 목적, 시수(施受)대상, 비교대상, 배제, 범위와 근거 등 의미를 나타낸다고 정의하고 있다.[11]

黄伯荣·廖序东(下册)(2011)에서는 중국어 개사는 명사성 단어 앞에 쓰여 함께 개사구를 구성해서, 谓词성 단어(동사, 형용사 등)를 수식한다. 동작, 양상과 관련된 시간, 처소, 방식, 원인, 목적, 施事(주동체), 受事(피동체), 대상 등을 나타낸다고 정의하고 있다.[12]

朱德熙(2002)에서는 의미 면에서 보면 개사는 동작과 상관한 대상(시사(施事), 수사(受事), 여사(與事), 도구), 처소, 시간 등을 이끌어

---

11) 邢公畹(1994: 253): 介词又叫前置词, 是能附着在名词前面并与名词组合起来修饰谓词的虚词, 表示处所, 方向, 时间, 状态, 方式, 原因, 目的, 施受对象, 排除, 范围, 根据。

12) 黄伯荣·廖序东(下册)(2011: 28): 介词起标记作用, 依附在实词或短语前面共同构成"介词短语", 整体主要修饰、补充谓词性词语, 标明跟动作、性状有关的时间、处所、方式、原因、目的、施事、受事、对象等。

내는 역할을 한다고 말하고 있다.[13]

이상에서 보듯이 중국어 개사는 일반적으로 명사나 명사구 앞에 위치하여 시간, 처소, 방향, 방법, 수단, 대상, 범위, 원인, 목적, 비교 등 각종 의미를 표시해 주는 허사의 일종이다.

다음으로 중국어 개사의 하위 분류에 대한 각 학자들의 견해를 살펴보기로 한다. 중국어 개사에 대한 하위 분류에 있어서 학자에 따라 분류 기준과 명칭의 사용에서 차이를 볼 수 있다.

맹주억(1992)에서는 중국어 개사를 다섯 가지 기준으로 분류하고 있다. 이 하위 분류를 아래 [표 5]와 같이 정리해 보았다.

[표 5] 맹주억(1992)에서 설정한 중국어 개사의 하위 분류

분 류	어 휘
장소, 시간, 방향	从, 自, 自从, 打, 由(~부터, ~으로부터)
	到, 至(~으로, ~까지)
	在, 于, 当, 当着(~에, ~에서)
	等, 等到, 临, 赶(~때에, ~까지)
	离, 距, 距离(~에서, ~까지)
	往, 向, 朝, 朝着, 冲, 冲着(향하여, ~으로)
	沿, 沿着, 顺, 顺着(따라)
근거	按, 按照, 按着, 照, 照着, 依, 依照(대로, 의하여)
	本着, 据, 根据, 凭, 凭着(의하여, 근거하여, 의거하여)
	趁, 趁着, 乘, 乘着(~을/를 타서)
	随, 随着(~에 따라)
	以, 用, 拿(~으로, ~로써)
	经, 经过, 通过(거쳐서, 통하여)
	鉴于(~비추어)
	论(~으로 보면)
원인, 목적	因, 因为, 由于(인하여, 말미암아, ~으로 하여)
	为, 为了, 为着(위하여)
대상	对, 对于(대하여)
	关于(관하여)
	替(대신하여, 위해)

13) 朱德熙(2002: 174~175): 从语义上看, 介词的作用在于引出与动作有关的对象(施事, 受事, 与事, 工具)以及处所, 时间等。

분류	어휘
	同, 跟, 和, 与(~와/과)
	把, 将, 管(~을/를)
	被, 让, 叫, 给(~에, ~에게)
	连(조차)
	就(~에 대하여)
	归(~가 맡아, ~에게)
	至于(~에 대하여)
비교, 배제	比(비하여, ~보다)
	除, 除了, 除开, 除去, 除掉(~을/를 제외하고)

이와 비슷하게 분류한 것은 黃伯荣·廖序东(下册)(2011)이 있다.

[표 6] 黃伯荣·廖序东(下册)(2011)에서 설정한 중국어 개사의 하위 분류

분류	어휘
시간, 장소, 방향	从, 自从, 自, 打, 到, 往, 在, 由, 向, 于, 至, 趁, 当, 当着, 沿着, 顺着
방식, 방법, 근거, 도구, 비교	按, 按照, 遵照, 依照, 根据, 靠, 本着, 用, 通过, 据, 拿, 比
원인, 목적	因, 因为, 由于, 为, 为了, 为着
시사(施事), 수사(受事)	被, 给, 让, 叫, 归, 由, 把(将), 管
관섭(关涉)대상	对, 对于, 关于, 跟, 和, 给, 替, 向, 同, 除了

위 [표 5]와 [표 6]에서 보듯이 이 두 분류는 '장소, 시간, 방향', '원인, 목적'과 '대상'을 나타내는 개사를 모두 실었다. [표 5]의 '근거'를 나타내는 개사를 보면 [표 6]의 '방식, 방법, 근거, 도구, 비교'류 개사와 같은 것으로 볼 수 있다. [표 5]에서 '배제'를 나타내는 개사는 [표 6]에서 '관섭(关涉)대상'류에 실었는데 [표 5]에서 '비교'를 나타내는 개사는 [표 6]에서는 제시되지 않았다. 그리고 [표 6]에서는 '시사(施事), 수사(受事)'의 명칭을 사용하여 이러한 의미를 나타내는 개사에 대해서 따로 분류하였는데 열거한 단어들을 살펴보면 [표 5]에서 모두 '대상'류 개사에 포함하였다. 이 두 분류는 이와 같은 다른 점이 있지만 큰 차이가 없다고 말할 수 있다.

邢公畹(1994)에서는 이들과 달리 '원인, 목적'류를 제외하고 분류하고 있다. 이 연구에서 중국어 개사에 대한 하위 분류는 다음 [표 7]과

같이 정리해 볼 수 있다.

[표 7] 邢公畹(1994)에서 설정한 중국어 개사 하위 분류

분 류	어 휘
시수(施受)개사	把, 被, 叫, 让, 给, 拿, 用
방식(方式)개사	按, 照, 按照, 照着, 依照, 依, 沿, 沿着, 顺, 顺着, 随着, 依据, 通过
시공(時空)개사	自, 往, 向, 到, 在, 由, 打, 自从, 起, 当, 赶, 及至, 至, 从, 趁, 趁着
대상(對象)개사	对, 对于, 跟, 和, 同, 管, 与, 比, 较, 较之, 给
관계(關係)개사	关于, 至于

'원인, 목적'을 나타내는 단어들이 개사인지 연사(連詞)인지에 대해서는 지금까지도 학자마다 견해가 다르다. 본 연구에서는 맹주억(1992)과 黄伯荣·廖序东(下册)(2011)의 견해에 따르고 '원인, 목적'을 나타내는 단어를 모두 개사로 처리하기로 한다.

중국어 허사에는 개사 이외 연사(連詞), 조사와 어기사(語氣詞)가 있다. 연사(連詞)는 단어, 구, 절 혹은 문장을 연결하여 어떤 논리관계를 표시해 주는 품사이다. 조사는 단어, 구, 절의 뒤나 문장 끝에 첨부되어 부가적인 성분과 중심어의 관계, 동태(動態), 비유 등을 표시해 주는 품사이다. 어기사(語氣詞)는 문장 중간에 쓰여 정돈(停頓)을 나타내거나 문장 끝에 쓰여 진술, 의문, 명령, 감탄 등을 나타내는 품사이다. 이러한 정의를 보면 알 수 있듯이 중국어에서는 주어, 목적어, 보어가 문장 어순으로 표시하는 것을 제외하고 개사의 각종 의미기능은 한국어 조사 중의 격조사와 비슷하다. 그리고 중국어에도 조사[4]라는 품사가 있지만 한국어 조사와 의미, 기능[15]에 있어 완전히 달라서 한국어 조사에 대응할 수가 없다.

---

14) 중국어 조사는 품사류 가운데 자립성이 제일 약하고, 어휘의미가 거의 실재적이지 않은 일종의 특수한 허사이다. 조사는 단지 문법 의미만을 표시하며 실사나 구 혹은 문장에 부가되어 쓰인다. (슬지엔 2005: 29)

15) 助词的作用是附着在实词、短语或句子上面表示结构关系或动态等语法意义。(黄伯荣·廖序东(下册) 2011: 30)

2.3. 한국어 조사와 중국어 개사의 대조[16]

이상으로 한국어 조사와 중국어 개사의 정의와 하위 분류를 살펴보았다. 한국어 조사(격조사)와 중국어 개사는 의미기능에 있어 비슷한 점이 있지만 다른 점도 있다. 아래에서는 한국어 조사와 중국어 개사에 대해 간단하게 대조해 보고자 한다.

첫째, 한국어 조사와 중국어 개사는 모두 어휘형태소가 아닌 문법형태소이다.

둘째, 한국어 조사와 중국어 개사는 모두 단독으로 물음에 대답할 수 없으며 단독으로 문장 성분이 될 수 없다.

셋째, 중국어 개사는 다른 개사와 연이어 사용되지 못하지만 한국어 조사는 하나의 조사에 조사가 덧붙어 사용되기도 한다. 주로 격조사와 특수조사, 특수조사와 특수조사가 함께 쓰인다.[17]

넷째, 위치에 있어 중국어 개사는 명사나 명사구 앞에 위치하는 전치사이고 한국어 조사는 명사 뒤에 붙는 후치사이다.

다섯째, 한국어 조사(특수조사)와 중국어 개사는 원래 실사(實詞)에서 변해 온 것이다.[18] 일부 중국어 개사는 아직까지 실사의 성질을 가지고 있어, 때에 따라 실사와 개사 역할을 겸하고 있다. 이에 비해 한국어 조사는 실사에서 허사화되었으나 오로지 조사 역할만 담당한다.

---

16) 박창수(2005) 참조.
17) 이에 대해서는 홍사만(2002: 25~36)에서 기술하고 있다.
18) 중국어 개사의 연원에 대해서는 朱德熙(2002: 174)와 黃伯榮·廖序东(下册)(2011) 등에서 기술하고 있다. 한국어 조사의 연원에 대해서는 김승곤(1986)에서 기술하고 있다.

제3장

___

**한국어 부사격 조사에
대응하는 중국어 표현**

본 장에서는 제4장의 기초 연구로서 각 부사격 조사의 여러 가지 의미기능별로 대표 문장을 추출하여 어떻게 중국어로 표현되는지 검토할 것이다.

본 연구는 부사격 조사의 기본 의미를 찾는 데 목적을 두는 것이 아니라, 문장 속에서 다양한 의미로 쓰이는 여러 가지 부사격 조사가 중국어로는 어떤 형식으로 표현되는지를 알아보는 데 목적이 있다. 이에 본 장에서는 각 부사격 조사의 다양한 의미를《표준국어대사전》(1999),《연세한국어사전》(2002),《(외국인을 위한)한국어 학습 사전》(2006),《(한국어 학습용)어미·조사 사전》(2001), 그리고 이희자·이종희(1998)을 통해 알아보기로 한다.

3.1. '로/으로'에 대응하는 중국어 표현

향격 '로/으로', 구격 '로/으로'와 자격격 '로/으로'는 같은 '로/으로'가 아니고[1] '동음이의어'로 볼 수 있으나 본 연구에서는 이것을 무시하고 어형만을 중시하며 '로/으로'의 각 의미기능에 따른 중국어 표현 형태를 살펴보겠다.

아래 [표 8]은 조사 '로/으로'에 대해 각 논자들이 분류한 의미들을 비교 정리한 표이다. 이 표에서 제시하듯이 '방향', '변화', '재료', '도구', '원인·이유', '신분·자격', '시간' 등은 각 논자들이 모두 설정하고 있는 의미이다. '방법·방식'의 의미에 대한 논자들의 설정에 있어서는 용어에 차이가 보인다. '한계'와 '약속·결정'의 의미는 단지《표준국어대사전》(1999)에서만 설정하고 있고, '그러한 특성을 지녔음을 나타냄'의 의미는《(외국인을 위한)한국어 학습 사전》(2006)에서만 설정하

---

1) 이익섭·채완(2003) 참조.

고 있으며, 《(한국어 학습용)어미·조사 사전》(2001)과 이희자·이종희 (1998)에서는 '선택', '설명', '강조용법'의 의미를 모두 설정하고 있다. '판단'은 《표준국어대사전》(1999)과 《(외국인을 위한)한국어 학습 사전》(2006)을 제외하고 모두 설정하고 있는 의미이다. 이렇게 보면 부사격 조사 '로/으로'에 대한 의미 설정에 있어 용어에 차이가 있거나 포함하는 범위나 내용에 있어 다소 차이가 있지만 대체로 대동소이하다고 말할 수 있다.

[표 8] 조사 '로/으로'의 의미 기능

	표준국어 대사전 (1999)	연세한국어 사전 (2002)	(외국인을 위한) 한국어 학습 사전 (2006)	(한국어 학습용) 어미·조사 사전 (2001)		이희자·이종희 (1998)
1	방향	방향, 지향점	방향, 목적지	방향, 지향점		방향, 지향점
2	경로		경로	경로		
3	변화의 결과	변화, 변성	변화의 결과	변화		변화, 변성
4	재료, 원료	재료, 도구,	재료2)	재료, 원료		재료, 도구
5	수단, 도구	수단, 방법	도구, 교통수단	도구, 수단		수단, 방법
6	방법, 방식	방식, 양상	상태	방식, 양상		방식, 양상
7			표정, 태도	모양		모양3)
8			의도, 생각		부	
9	원인, 이유	원인, 이유	원인, 이유	원인, 이유	사	원인, 이유
10	지위, 신분, 자격	자격, 신분, 명성	신분, 자격	자격, 신분, 명성	격	자격, 신분, 명성
11	시간	시간	시간	시간		시간
12			기점4)		조	
13		판단		판단	사	판단
14	한계5)					
15	대상6)		대상7)			
16	약속, 결정8)					
17			그러한 특성을 지녔음을 나타냄			
18				선택		선택
19				설명		설명9)
20				강조용법		강조용법

2) 《(외국인을 위한)한국어 학습 사전》(2006: 257)에서는 '어떤 일을 할 때 쓰는 재료' 와 '어떤 상태가 될 때의 재료'로 나누어 있다.

본고에서는 《연세한국어사전》(2002)에서 설정하고 있는 ①방향·
지향점, ②방식·양상, ③재료·도구·수단·방법, ④변화·변성(變成),
⑤자격·신분·명성, ⑥판단, ⑦원인·이유, ⑧시간 여덟 가지의 의미를
기준으로 논의를 전개할 것이다.

3.1.1. 방향, 지향점

'로/으로'의 가장 대표적인 의미는 바로 방향이다. 예문을 통해
살펴보도록 한다.

> (8) a. 내일 새 집으로 이사를 합니다.
>   明天搬到新家。(明天搬新家。)
> b. 우리 집으로 와.
>   到我家来。(来我家。)
> c. 내 사물실로 와요.
>   到我办公室来。(来我办公室。)
> d. 김 선생님이 미국으로 간 이유를 모르겠다.
>   不清楚金老师到美国去的原因。(不清楚金老师去美国的原因。)

---

3) 이희자·이종희(1998: 79): (모양을 나타내는 말에 붙어) '~처럼'의 뜻을 나타냄.
4) 《(외국인을 위한)한국어 학습 사전》(2006: 257): '~부터(는), ~을 기점으로 하여'의
   뜻이다.
5) 《표준국어대사전》(1999: 1906): 시간을 셈할 때 셈에 넣는 한계를 나타낸다.
6) 《표준국어대사전》(1999: 1906): 특정한 동사와 같이 쓰여 대상을 나타낸다. '하여
   금'을 뒤따르게 하여 시킴의 대상이 되게 하거나, '더불어'를 뒤따르게 하여 동반의
   대상이 되게 한다.
7) 《(외국인을 위한)한국어 학습 사전》(2006: 257)에서는 '무엇으로 유명하다'와 같은
   문장에서 '유명한 대상'과 '무엇으로 알려지다'와 같은 문장에서 '알려진 대상' 두
   가지로 나누어 있다.
8) 《표준국어대사전》(1999: 1906): ('-기로 …하다' 구성으로 쓰여) 약속이나 결정을
   나타낸다.
9) 이희자·이종희(1998: 81): (설명 또는 제시하는 말에서) '~인바', '~인데'의 뜻을
   나타낸다.

e. 새로운 단계로 나아갑니다.

进入(到)新阶段。

f. 그에게 거의 생각할 틈을 주지 않고 다음 단계로 들어갔다.

几乎没有给他思考的时间就进入(到)下一个阶段了。

g. 만화를 완전히 버리고 아동문학으로 돌아선 것은 아니다.

不是完全放弃漫画而转到儿童文学。

(8)은 지향점을 나타낸다. (8)a~(8)d의 예문들은 지명을 나타내는 말이나 '집, 운동장'과 같이 일정한 면적을 가진 지점을 나타내는 말에 붙어, '~을 목적지가 되게 하여'의 뜻을 나타내는 예문들이다. 이런 서술어는 주로 '가다, 오다, 오르다' 류로 이루어진다.[10] 이런 경우에는 한국어 조사 '에'로 대체할 수 있다.[11] (8)e~(8)g예문들은 추상적 공간을 나타내는 말에 붙어 '~을 추구하여, ~을 지향하여'의 뜻을 나타내는 예문이다. 서술어는 주로 '들어서다, 접어들다, 돌아서다'류로 이루어진다. (8)에 해당하는 중국어 표현은 개사 '到'가 쓰인다.

----

10) 이런 경우에는 개사의 도움이 없이 '동사+목적어'의 형식을 취하여 표현하기도 한다.

11) 국립국어원(2010: 563)에서는 다음과 같은 예문들을 통해 '방향, 지향점'을 나타내는 '로/으로'와 '에'의 차이를 설명하고 있다.

'에'와 '로/으로'를 비교하면 '가다, 오다, 떠나다, 도착하다' 등 이동의 뜻을 나타내는 동사와 쓰일 때 아래에서 보는 바와 같이 일반적으로 '에'는 도착점을, '로/으로'는 출발 목표점이나 방향, 경유지를 나타낸다.

① 나는 서울에 도착했다. (O)

② 나는 서울로 도착했다. (X)

③ 나는 서울에 떠났다. (X)

④ 나는 서울로 떠났다. (O)

⑤ 나는 그 골목길에 돌아서 집에 갔다. (X)

⑥ 나는 그 골목길로 돌아서 집에 갔다. (O)

그런데 아래 ⑦과 같이 '에'가 목적지를 나타내는 명사 뒤에 쓰인 경우에는 ⑧처럼 '로/으로'로 바꿔 쓸 수 있다. 그러나 '에'를 '로/으로'로 바꿔 쓸 수 있는 경우에도, 둘 사이에는 약간의 차이가 있다. 즉 ⑧과 같이 '로/으로'를 쓰는 경우에는 여러 선택의 가능성이 있는 가운데 그 장소를 향함을 나타내는 반면, ⑦과 같이 '에'를 쓰는 경우에는 그 장소가 목적지인 경우만을 나타낸다.

⑦ 일이 끝나면 길 건너에 있는 카페에 오세요. (O)

⑧ 일이 끝나면 길 건너에 있는 카페로 오세요. (O)

개사 '到'가 동사 '到'에서 변해 왔기 때문에 아직도 '도착하다'의 의미를 가지고 있다. 그래서 조사 '로/으로'가 목적지를 나타낼 때 중국어 개사 '到'와 대응할 수 있다.

(9) a. 금강산이 있는 쪽<u>으로</u> 둥실둥실 떠갑니다.
　　　向(朝/往)金剛山方向飄去。
　b. 학교 방향<u>으로</u> 달려갔다.
　　　向(朝/往)學校方向跑去了。
　c. 그는 의자를 넉넉하게 뒤<u>로</u> 뺐다.
　　　他把椅子向(朝/往)后移出了足够的空间。
　d. 영수는 대문 쪽<u>으로</u> 걸어갔다.
　　　英洙向(朝/往)大门方向走去了。
　e. 영미는 얼른 창 쪽<u>으로</u> 몸을 돌렸다.
　　　英美快速向(朝/往)窗户方向转身。
　f. 그는 큰길 쪽<u>으로</u> 꺾었다.
　　　他向(朝/往)大路方向拐了。

(9)는 구체적으로 '쪽, 방향, 방면'을 나타내는 말에 붙어 '~의 쪽으로, ~을 향하여'의 뜻을 나타내는 예문들이다. 서술어는 주로 '떠나다, 들다, 꺾어지다, 가다'류로 이루어진다. 이런 경우에는 조사 '에'로 바꿔 쓸 수 없다. 예문을 통해서 방향을 나타낼 때 한국어에서는 단지 조사 '로/으로'만으로 표현하지만 중국어에서는 개사 '向, 朝, 往'의 세 가지 개사로 표현하는 것을 알 수 있다.

중국어에서 개사 '向, 朝, 往'은 방위(方位), 방향을 나타내는 말 앞에 쓰이고 모두 동작의 방향을 표현하지만 각각 그 용법이 다르다.[12] '朝'는 동사 뒤에 위치할 수 없다. 예로 '通向果园(과수원으로 통한다)'나 '通往果园(과수원으로 통한다)'라고 할 수 있는데 '通朝果园'라고

---

12) '向'은 정확한 방향을 나타내는 것이 아니고 그 일정방향의 부근을 나타낸다. '朝'는 마주보고 단일적인 방향을 나타내고 직선적으로 진행하는 동작의 의미를 표현한다. '往'은 한 방향, 지향점을 향하는데 곡선적이며 복잡한 경로를 따라 진행하는 동작의 뜻을 나타낸다. (슬지엔 2005: 39~40)

할 수는 없다. 그리고 뒤에 목표를 나타내는 명사가 있으면 '向'을 사용해야 되고 '往'과 '朝'를 사용할 수 없다. 예를 들어서, '走向胜利(승리를 향하여 간다)'는 맞는 표현이고 '走往胜利'와 '走朝胜利'는 틀린 표현이다. 따라서 (9)와 같은 경우에는 한국어 조사 '로/으로'는 중국어 개사 '向, 朝, 往'과 모두 대응할 수 있다.

(10) a. 주인집 대문으로 가자면 내 방을 지나야 한다.
　　　　要从主人家的大门走，就一定要路过我的房间。
　　 b. 이 길로 가야 더 빨리 도착할 수 있어.
　　　　从(由)这条路走才能更快到达。
　　 c. 우리는 뒷문으로 갔다.
　　　　我们从后门走了。
　　 d. 차가 들판으로 지나갔다.
　　　　车从(由)田野经过。
　　 e. 시위대열은 시청 앞 광장으로 지나갔다.
　　　　示威队伍从(由)市政府前的广场经过。
　　 f. 나는 바지를 걷어 올리고 물속으로 걸었다.
　　　　我卷起裤腿从水中走过。

　(10)은 행동의 경로를 나타낸다. 예문 (10) a~c는 '길, 다리, 문'과 같은 말에 붙어 '~을 통하여'의 뜻을 나타내는 예문이다. 서술어는 이동의 의미를 지닌 것으로 표현되는 '걸어 다니다, 건너다, 지나가다' 류로 이루어진다. (10) d~f예문은 행동의 구체적인 경로를 나타내는 말에 붙어 '~을 통과하여'의 뜻을 나타내는 예문이다. 서술어는 주로 '다니다, 지나가다, 날아가다'류로 이루어진다. '를/을'로 대치될 수 있다.

　중국어 개사 '从'과 '由'는 각자 많은 의미를 가지고 있는데 서로 공통점도 있다. 둘은 모두 동작의 기점(起點)을 나타낼 수 있다. 예를 들어서, '八点从学校出发(여덟 시에 학교에서 출발한다)', '八点由学校出发(여덟 시에 학교에서 출발한다)'라고 한다. 하지만 동작을 하는 사람을 표현할 때 '从'을 사용하지 않고 '由'만 사용한다. 예를 들어서, '会议由副校长主持(회의는 부총장님께서 진행한다)'라고 할 수 있는데 '会议从副校长主持'라고 할 수 없다.

동작의 경로를 표현하는 데도 차이가 있다. '행동의 경로'를 나타내는 명사는 '일정한 공간'을 가지는 명사일 때 '从'로 표현하고 평면적인 장소를 나타내는 명사일 때 '从'과 '由'가 모두 쓰일 수 있다.[13] 그러므로 '행동의 경로'를 나타낼 때 한국어에서 조사 '로/으로' 하나만으로 표현할 수 있는데 중국어에서는 '경로'를 나타내는 명사의 특징에 따라 다른 개사로 표현하는 것을 알 수 있다.

'로/으로'는 동작의 경로를 나타낼 때 중국어 개사 '从, 由'와 대응할 수 있다.

상술한 바와 같이 한국어에서는 구체적인 방향, 장소나 추상적인 방향, 공간 또한 행동의 경로를 모두 조사 '로/으로'로 표현하는데, 중국어에서는 상황에 따라 각각 개사 '到, 向(朝/往), 从(由)'로 표현한다. 이것은 한국어 격조사 '로/으로'의 의미 기능적 외연이 넓어서 하나의 어휘형태로 여러 가지 격의미를 포괄적으로 표현하고 있는 데 반해, 중국어의 격형태는 개체적이므로 격의미에 따라서 각각 다른 어휘형태를 취해 분화적으로 표현하기 때문이다.

3.1.2. 방식, 양상

행동의 방식, 양상을 나타내는 말에 붙어, '나오다, 맞다, 대하다'류로 표현하는 서술어와 함께 쓸 때 '~을 가지고, ~로써'의 뜻을 나타낸다.

> (11) a. 그는 반가운 얼굴로 학생들을 쳐다본다.
> 　　　他以喜悦的笑容看着学生们.(他面带笑容地看着学生们。)

---

13) "由"的第一种用法(表示来源或由来)和"从"大致相当，其它用法都不一样。(北京大学中文系1955/1957级语言班 2010: 584)

b. 그들은 엄숙한 표정<u>으로</u> 김 박사를 맞았다.

他们<u>以</u>严肃的表情迎接金博士。

c. 계속해서 이러한 태도<u>로</u> 나오면 곤란해.

如果继续<u>以</u>这样的态度来面对，事情将很难解决。

예문(11)은 이 동작 발생 시 사용하는 방식이나 양상을 나타낸다. 중국어 개사 '以'는 '행동방식'의 의미를 나타낼 수 있다. (11)a와 같은 경우는 '他面带笑容地看着学生们'라는 표현이 더 자연스럽다. 이것은 중국어가 표현상 간단함을 추구하는 특징을 갖고 있기 때문에 '以喜悦的笑容' 대신에 '面带笑容'를 많이 사용한다.

(12) a. 그들은 제복 차림<u>으로</u> 뭐라고 소리치고 있다.

他们<u>穿着</u>制服叫喊着。

b. 누나는 잠옷 바람<u>으로</u> 침대에 누워 있다.

姐姐<u>穿着</u>睡衣躺在床上。

c. 영미는 언제나 청바지 차림<u>으로</u> 회사에 간다.

英美总是<u>穿着</u>牛仔裤去公司。

(12)는 몸에 걸치는 옷 등에 붙어 쓰이어 '그러한 차림을 한 채'의 뜻을 나타낸다. 이때는 '로/으로'에 대응하는 중국어 개사를 찾을 수가 없다. 중국어에서는 이와 같은 경우에 동사 '穿(입다)'는 현재 시제나 어떤 상태에 있음을 나타내는 동태(動態) 조사 '着'과 함께 '穿着(입고, 입는 채로)'의 형식으로 표현한다.

(13) a. 이 도시는 위치적<u>으로</u> 발전 가능성이 많다.

这个城市<u>在</u>地理位置<u>方面(/上)</u>有很大的发展潜力。

b. 이 논문은 내용<u>적으로</u> 성과가 높다.

这篇论文<u>在</u>内容<u>方面(/上)</u>成就很突出。

c. 군사적<u>으로는</u> 동맹국과의 관계를 고려해야 한다.

<u>在</u>军事<u>方面(/上)</u>, 应该考虑与同盟国的关系。

d. 시간상으로 서울이 대구보다 더 걸릴 것이다.

　在时间上(从时间上来看), 到首尔比到大邱花费的要更多一些。

e. 법률상으로 이 사람은 패소할 것이다.

　在法律上(从法律上来看), 这个人将会败诉。

f. 거리상으로 빠르겠지만 시간이 많이 걸릴 것이다.

　在距离上(从距离上来看)比较近, 但要花很多时间。

예문 (13)a~(13)c는 '~적으로'의 꼴로 쓰이어 '~인 면에서'의 뜻을 나타내는 예문이고 이 경우에 '在……上'과 '在……方面'의 형식을 사용한다. (13)d~(13)f 예문들은 '~상으로'의 꼴로 쓰이어 '~로 보면'의 뜻을 나타내는 예문들이고 이 경우에 '在……上'과 '从……上来看'의 두 가지 형식을 모두 사용할 수 있는데 '在……上'보다 '从……上来看'의 표현이 더 많이 쓰인다.

3.1.3. 재료, 도구, 수단, 방법

어떠한 상태를 이루는 재료를 나타내는 말에 붙어 '되다, 이루어지다, 차다'류로 표현되는 서술어와 함께 쓸 때 '~를 재료로 하여'의 뜻을 나타낸다.

(14) a. 운동장은 잔디로 덮여 있다.

　运动场被草地覆盖着。

b. 하늘은 흰 구름으로 뒤덮여 있다.

　天空被白云遮住了。

c. 방안은 책으로 꽉 차 있다.

　房间被书堆满了。

d. 이 식품은 단백질과 지방으로 이루어져 있다.

　这个食品是由蛋白质和脂肪组成的。

e. 이 논문은 서론, 본론, 결론으로 구성되어 있다.

　这个论文由绪论, 本论, 结论构成。

f. 나무로 집을 짓다.

　用(拿)木头盖房子。

g. 떡은 쌀로 만든다.

年糕是<u>用(拿)</u>米做的。

h. 실크로 만든 옷은 조심해서 세탁해야 한다.

<u>用(拿)</u>丝绸做的衣服要小心洗涤。

i. 나무로 불을 땔 때면 좋은 냄새가 난다.

<u>用(拿)</u>木头点火会散发香气。

예문 (14)a~(14)c는 '본래의 재료는 아니고 ~에 의해서 하다'라는 의미를 표현하는 예문들이고 중국어에서는 이런 경우에 개사 '被'로 표현한다. (14)d~(14)e는 '~로부터 이루어졌다'의 뜻을 나타내고 객관적 사실을 진술하는 예문들이다. 侯学超(2004)와 呂叔湘(1999)는 '由'가 방식을 나타내는 내용을 설명할 때 모두 '构成、建成、组成(구성하다, 형성하다)' 등 동사와 같이 쓰인다고 했고, '碘化盐由碘和盐加工而成(요오드염은 요오드와 소금으로 가공한 것이다)'과 '原子核由质子和中子组成(원자핵은 프로톤과 뉴트론으로 구성되다)'처럼 예문도 제시했다. 이때 '로/으로'는 개사 '由'와 대응할 수 있다. (14)f~(14)i는 '사람이 어떤 재료를 이용하여 ~하다'의 뜻을 나타낸다. 이 경우에 '로/으로'는 중국어 개사 '用', '拿'에 대응할 수 있다. '拿'는 주로 구어에서 많이 쓰이는데 '用'은 구어와 문어에서 모두 쓰일 수 있다.

예문 (15)와 같이 '로/으로'가 도구를 나타내는 말 뒤에 붙어서 '~를 도구로 하여'의 뜻을 나타낼 때도 중국어 개사 '用(拿)'로 대응할 수 있다.

(15) a. 믹서기로 주스를 만든다.

<u>用(拿)</u>搅拌机榨果汁。

b. 바구니로 음식을 날랐다.

<u>用(拿)</u>篮子运送食物。

c. 배추를 칼로 썰었다.

<u>用(拿)</u>刀切白菜。

d. 볼펜으로 글을 쓰세요.

  请用(拿)圆珠笔写字。

e. 낙서를 지우개로 지워 버렸다.

  乱写的东西用(拿)橡皮擦掉了。

(16) a. 물건은 배와 기차로 운반된다.

  用(拿)船和火车运东西。

b. 골목길이기 때문에 리어카로 운반해야 한다.

  因为是胡同，得用(拿)手推车运。

c. 지하철로 동대문 운동장까지 가요.

  坐地铁去东大门运动场。

d. 제 차로 같이 가시죠.

  一起坐我的车去吧。

e. 난 택시로 갈 거야.

  我坐出租车去。

f. 주식 투자로 돈을 벌기는 어렵다.

  用(拿)投资股票来挣钱是很难的。

g. 이자를 복리로 계산한다.

  利息用(拿)滚算的方式来结算。

h. 어떤 방식으로 이 문제를 해결하겠느냐?

  用(拿)什么方式来解决这个问题呢？

예문 (16)의 a~e는 구체적인 운송 수단을 나타내는 말에 붙어 '~을 이용하여, ~을 가지고'의 뜻을 나타내는 예문이다. (16)a~(16)b는 '~을 이용하여 ~을 운반하다'의 뜻을 나타내는데 이 때의 '로/으로'는 중국어 개사 '用(拿)'로 표현한다. (16)c~(16)e는 '사람이 ~을 타고 ~가다'의 뜻을 나타내는데 이와 같은 경우는 중국어에서 개사로 표현하지 않고 '동사 坐(타다)+교통수단을 나타내는 명사'의 형식으로 표현한다. 즉 '坐地铁(지하철을 타고)', '坐我的车(내 차를 타고)', '坐出租车(택시를 타고)'와 같이 표현한다. (16)의 f~h는 일반적인 수단, 방법을 나타내는 말에 붙어 역시 '~을 이용하여, ~을 가지고'의 뜻을 나타낸다. 이 때의 '로/으로'는 중국어 개사 '用(拿)'로 표현하는 데 무리가 없어 보인다.

중국어에서는 '재료', '도구', '방법', '수단'을 나타내는 데 개사는 '用'과 '拿'가 많이 쓰인다. '拿'는 구어에서만 쓰이고 '用'은 구어와 문어에서 모두 사용할 수 있다.

이상에서 볼 수 있듯이 '로/으로'는 '재료'를 나타낼 때 상황에 따라서 각각 중국어 개사 '被, 由, 用(拿)'에 대응할 수 있고 '도구', '수단', '방법'을 나타낼 때 중국어 개사 '用(拿)'에 대응할 수 있다.

3.1.4. 변화, 변성

    (17) a. 물이 수증기로 변한다.
         水变成水蒸汽。
       b. 우리 회사를 주식회사로 바꿨다.
         将我们公司变成了股份公司。
       c. 올챙이가 개구리로 되었다.
         蝌蚪变成了青蛙。
       d. 논과 밭이 신도시로 바뀌었다.
         农田变成了新城市。
       e. 애정은 순식간에 증오로 바뀌었다.
         爱情瞬间变成了憎恶。

변화되어 이루어진 대상을 나타내는 말에 붙어 '변하다, 바꾸다' 등 변화의 의미를 지닌 서술어와 함께 쓰일 때 '~이 되도록/되게'의 뜻을 나타낸다. '~로'는 그 명사가 변해서 새로 생긴 모양이나 상태를 나타내는 것으로 이때의 '로/으로'는 다른 형태로 바꿔 쓸 수 없다. '~에서 ~로'의 꼴로 쓰이기도 하고 '에서'는 생략되기도 한다. 그러나 대체로 복원 가능하다. 이 경우에 대응하는 중국어 개사를 찾을 수 없다. '수증기', '주식회사', '개구리', '신도시', '증오'는 모두 최종 변화의 결과이고 중국어에서 동작의 변화 결과를 나타낼 때 '变+成'과 같은 동보(動補)구조[14]를 사용한다. 이때 '로/으로'에 대응하는 것은 개사가 아니고 동사 '成'이다. 상술한 바와 같이 '로/으로'가 변화, 변성을 나타낼 때 중국어 동보(動補)구조 중의 동사 '成'에 대응한다.

3.1.5. 자격, 신분, 명성

신분, 지위, 자격을 나타내는 말에 붙어 '삼다, 태어나다, 부르다'류로 표현되는 서술어와 함께 쓰일 때 '~의 신분/지위/자격을 가지고'의 뜻을 나타낸다.

(18) a. 누군지 그녀를 아내로 맞는 사람은 행복할 것이다.
　　　　不管是谁, 娶她为妻都会很幸福。
　　 b. 우리는 그를 회장으로 받든다.
　　　　我们拥戴他为会长。
　　 c. 그는 기자 신분으로 시사회에 갔다.
　　　　他以记者的身份去参加了首映式。
　　 d. 저는 한국어 교사로 10년 동안 가르쳤습니다.
　　　　我以韩语老师的身份从教10年。

예문 (18)을 보면 알 수 있듯이 자격이나 신분을 나타내는 데 중국어의 표현은 다르다. (18)a~(18)b예문은 자격을 나타내고 중국어에서는 '为'로 표현한다. 이 때 '为'의 발음은 2성(wéi)이고 품사는 개사이다. 예문 (18)c~(18)d는 신분을 나타내고 이 때의 '로/으로'는 중국어 개사 '以'로 표현된다.

(19) a. 이 곳 사벌 평야는 예부터 곡창 지대로 유명한 곳이었다.
　　　　这片沙地原是个以粮仓闻名的地方。
　　 b. 그 사람은 구두쇠로 소문난 사람이다.
　　　　那个人以'吝啬鬼'的外号出名。

---

14) 중국어 문장 중의 보어는 동사의 결과, 정도, 추향(趨向), 가능, 상태, 수량을 나타내는 문장성분이다. 그리고 보어의 분류로는 결과(結果)보어, 추향(趨向)보어, 가능(可能)보어, 수량(數量)보어, 상태(狀態)보어, 정도(程度)보어가 있다.

c. 파리는 에펠탑<u>으로</u> 유명하다.

巴黎<u>以</u>埃菲尔铁塔闻名。

d. 허락하신다면 저도 당신을 형님<u>으로</u> 부르겠습니다.

如果同意，我也称您<u>为</u>大哥。

e. 태조는 국호를 고려<u>로</u> 칭했다.

太祖立国号<u>为</u>高丽。

예문 (19)a~(19)c는 명성을 나타내는 말에 붙어 '통하다, 소문나다, 유명하다'와 같은 말과 함께 쓰이고 '~이라고 알려져서'의 뜻을 나타내는 예문이다. 이때도 '구실로 삼다'란 뜻이고 개사 '以'로 나타낸다. (19)d~(19)e는 명칭을 나타내는 말에 붙어 '부르다, 칭하다'류로 표현되는 서술어와 함께 쓰이고 '~이라고'의 뜻을 나타내는 예문들이다. 이 경우는 (18)a, b와 비슷하고 '~에/에게 어떤 신분이나 자격을 부여하는 뜻'을 나타내는데 같이 개사 '为(wéi)'로 표현한다.

'로/으로'가 자격, 명성, 신분을 나타낼 때 상황에 따라 각각 중국어 개사 '以'와 '为(wéi)'에 대응한다.

3.1.6. 판단

판단의 결과를 나타내는 말에 붙어 '밝혀지다, 치다, 손꼽다'류로 표현되는 서술어와 함께 쓰여 '~이라고, ~의 자격으로 셈하여/간주하여'의 뜻을 나타낸다.

(20) a. 나는 그의 말을 진담<u>으로</u> 알아들었다.

我将他的话当<u>成</u>了真话。

b. 그는 갈비 값을 돈<u>으로</u> 쳐서 주셨단다.

他说将排骨的价钱折算<u>成</u>钱了。

이 때의 '로/으로'는 (20)과 같이 '동사+成' 중의 동사 '成'로 표현한다. 그렇게 간주되는 대상임을 나타내는 말에 붙어 '치다, 여기다, 이해하다'와 같이 판단을 뜻하는 것으로 표현되는 서술어와 함께 쓰여서 '~이라고'의 뜻을 나타낸다.

(21) a. 나는 조선 후기학자들의 사상을 근대 지향적인 것으로 이해했다.
我将朝鲜后期学者的思想理解成近代指向性的东西。
b. 아이를 독립된 인격체로 생각해 주어야 한다.
应该将孩子看成独立的人格体。

예문 (21)은 마찬가지로 동보구조(動補構造)로 표현하는데 이 때의 '로/으로'는 역시 동사 '成'으로 표현된다.

3.1.7. 원인, 이유

(22) a. 이 전쟁으로 비롯된 자연적 재해는 엄청나다.
因为(由/由于/因)这场战争引发的自然灾害是很严重的。
b. 오랜 감기로 발생한 폐렴이다.
是因为(由/由于/因)长期感冒引起的肺炎。
c. 부부 싸움은 늘 하찮은 일로 생긴다.
夫妻之间的争吵, 常常是因为(由于/因)琐碎的小事。
d. 급한 일로 가지 못 했다.
因为(由于/因)有急事没能去。
e. 선생님 덕택으로 이 논문을 쓸 수 있었습니다.
因为(由于/因)有了老师的帮助, 才写出了这篇论文。
f. 저의 실수로 이런 문제가 생겼습니다.
因为(由于/因)我的失误出现了这样的问题。

(22)의 a는 원인이 되는 말에 붙어 '비롯되다'류로 표현되는 서술어와 함께 쓰이고 '~때문에'의 뜻을 나타낸다. (22)b~(22)d는 '원인, 이유, 근거'가 되는 말에 붙어 '~가 원인이 되어'의 뜻을 나타낸다. '~로 인하여/인해서/인해', '~로 말미암아', '~로 하여'의 꼴로 자주 쓰이는데 '인하여', '말미암아' 등은 생략되기도 한다. 예문 (22)e~(22)f는 '탓,

이유, 덕택'과 같이 직접 원인이나 이유를 나타내는 말에 붙어 '그것이 직접 원인이 되어'의 뜻을 나타내는 예문이다.

중국어 '由于, 由, 因为, 因'는 모두 원인을 나타낼 수 있는데 '由'는 어떤 사건의 책임자[15]나 직접 원인[16]을 강조하는 것이고 항상 '引起, 引发' 등 동사와 같이 쓰인다. 그래서 (22)c~(22)f에서는 '由'를 사용할 수 없다.

'로/으로'가 원인을 나타내는 용법에서 중국어 원인을 나타내는 개사 '由于, 由, 因为, 因'에 대응하는데 특별한 경우에 '由'를 사용할 수 없다.

3.1.8. 시간

'로/으로'는 행동이 이루어지는 계속적인 시간을 나타내는 말에 붙어 '그러한 때에'의 뜻을 나타낸다.

> (23) a. 그는 아침, 저녁으로 운동을 한다.
>   他(在)早晨和傍晚运动。
>   b. 봄 가을로 찾아오는 새
>   (在)春秋飞来的鸟
>   c. 어부들이 밤으로 배를 타고 나가 고기를 잡는다.
>   渔夫们(在)晚上坐船出去打渔。
>   d. 봄, 가을로 재배하고 수확한다.
>   (在)春天栽培, (在)秋天收获。

중국어에서 '그러한 때에'의 뜻을 나타낼 때 개사 '在'를 사용한다. 앞에 부사가 없으면 '在'가 생략될 수도 있다.[17]

---

15) 侯学超(2004: 682): 介绍动作行为的发出者；有'归、靠'的意思。

16) 侯学超(2004: 684): 表示原因。动词为'造成、引起、发生、所致'等。

17) 侯学超(2004: 721): 介词'在'表示行为动作发生的时间。'(在+时点词语)+动词/动词短语'中，前无副词，'在'可省略。

(24) a. 어제로 논문이 끝났다.

到昨天(为止)论文完成了。

b. 올해로 고생은 끝이다.

到今年(为止)痛苦就结束了。

c. 우리 모임은 오는 12일로 30돌을 맞는다.

我们的聚会到12号(为止)就是30年了。

(24)는 시간을 나타내는 말에 붙어 '~까지 포함해서 말하면'의 뜻을 나타낸다. 동작이나 상황이 끝나거나 시작됨을 나타내는 말과 함께 쓰인다. 중국어 개사 '到'는 동작이 '어떤 시간까지 지속하는 것'을 나타낼 수 있는데 '为止'와 같이 쓰이면 의미를 더 강화시킬 수 있다.

몇몇 시간을 나타내는 말에 붙어 '~부터, ~를 기점으로 하여'의 뜻을 나타낸다.

(25) a. 그 여자는 남편이 죽은 후로 딸 둘, 아들 하나를 혼자 힘으로 키웠다.

自从(自/从)丈夫死后, 她就自己抚养两个女儿, 一个儿子。

b. 그가 떠난 후로 나는 계속 슬픔에 잠겨 있었다.

自从(自/从)他离开后, 我就一直沉浸在悲伤中。

중국어 개사 '自从, 自, 从'은 모두 기점(起點)을 나타낼 수 있지만 차이가 있다. 그 중에 '从'의 용법이 제일 많고 '自'는 단지 시간과 공간의 기점(起點)을 나타내며 '自从'은 단지 시간의 기점(起點)만 표현할 수 있다. 또한 '自'와 '从'은 과거, 현재, 미래 상황에 모두 적용하는데 '自从'은 단지 과거 상황에만 적용한다.

이와 같이 한국어 조사 '로/으로'는 지속되는 시간, 끝나는 시간, 시작하는 시간을 모두 나타낼 수 있는 데 반해 중국어는 각 다른 표현으로 나타낸다.

3.2. '에'에 대응하는 중국어 표현

사실 처격 '에'와 여격 '에'는 같은 '에'가 아니라[18) '동음이의어'로 생각된다. 그러나 본 연구에서는 이를 무시하고 어형만을 중시하며 '에'의 각 의미기능에 따른 중국어 표현 형태를 살펴보겠다.

아래 [표 9]는 각 논자들이 조사 '에'의 의미에 대해서 정리 비교한 표이다. 이 표에서 살펴본 결과 '처소/장소', '시간', '원인', '대상'은 공통으로 제시하고 있는 의미이다. 《표준국어대사전》(1999)에서 설정하고 있는 '진행의 방향'과 《(외국인을 위한)한국어 학습 사전》(2006)에서 설정하고 있는 '도착 지점'의 의미는 예문을 살펴보면 《연세한국어사전》(2002), 《(한국어 학습용)어미·조사 사전》(2001), 이희자·이종희(1998)에서 설정하고 있는 '처소/장소'의 의미에 포함될 수 있다. '상황, 출전, 환경'의 의미에 대해서 논자들이 용어에 차이가 있지만 내용에 있어 비슷하게 볼 수 있다. 《표준국어대사전》(1999)에서 설정하고 있는 '제한된 범위'와 《(외국인을 위한)한국어 학습 사전》(2006)에서 설정하고 있는 '범위'는 《연세한국어사전》(2002), 《(한국어 학습용)어미·조사 사전》(2001), 이희자·이종희(1998)에서 설정하고 있는 '시간'에 포함될 수 있다. '더하여짐'의 의미는 《표준국어대사전》(1999)과 《(외국인을 위한)한국어 학습 사전》(2006)에서만 설정하고 있고, 《표준국어대사전》(1999)에서 나타나지 않고 있는 '기준', '도구, 수단, 방법'은 세분한 '대상'에 포함되어 있다. 그리고 '강조'의 의미는 《(한국어 학습용)어미·조사 사전》(2001)에서는 부사격 조사로 쓰인 용법에서 설정되는데 《연세한국어사전》(2002)과 이희자·이종희(1998)에서는 부사격 조사의 용법에서 제외시키고 있다. 따라서 부사격 조사로 쓰인 '에'의 의미는 각 논자의 견해를 통해서 볼 때 결국 비슷한 의미를 담고 있다.

---

18) 이익섭·채완(2003) 참조.

[표 9] 조사 '에'의 의미 기능

	표준국어대사전 (1999)	연세한국어사전 (2002)	(외국인을 위한) 한국어 학습 사전 (2006)	(한국어 학습용) 어미·조사 사전 (2001)	이희자·이종희 (1998)
1	처소	처소, 자리	장소	장소, 자리	장소, 자리
2	시간	시간	시간	시간	시간
3	진행의 방향		도착 지점		
4	원인	원인, 이유	원인	원인, 이유	원인, 이유
5	대상19)	대상	대상	대상	대상
6	조건, 환경, 상태	상황, 출전	상황, 환경, 조건, 인용	상황, 출전	상황, 출전
7	제한된 범위		범위		
8	더하여짐		더하여짐, 나열		
9				강조	
10		기준	판단 기준	기준	기준
11		자격	자격, 신분	자격	자격
12		도구, 수단	도구, 수단	도구, 수단	도구, 수단
13		단위	단위	단위	단위
14			어떤 것을 받는 사람이나 단체		
15			주어의 행위에 영향을 미치는 주체		
16			방송, 대중매체		
17			가격		
18	접속조사			접속조사	
19				구 단위 기능 조사	갇힌 언어 단위 내에서
20		특수한 용법			
21		강조함			강조함
22		다른 단어와 결합하여 조사나 어미 등으로 만듦			다른 단어와 결합하여 조사나 어미 등으로 만듦
23		관용표현에 쓰임			

19) 《표준국어대사전》(1999: 4278)에서는 '대상'은 다음의 일곱 가지의 의미로 세분되어 있다. ①어떤 움직임을 일으키게 하는 대상. ②어떤 움직임이나 작용이 미치는 대상. ③목표나 목적 대상. ④수단, 방법 따위의 대상. ⑤기준 되는 대상이나 단위. ⑥비교의 대상. ⑦('관하여(관한)', '대하여(대한)', '의하여(의한)', '있어서' 따위와

본고에서는《연세한국어사전》(2002)에서 설정하고 있는 ①처소·자리, ②시간, ③원인·이유, ④대상, ⑤상황·출전, ⑥기준, ⑦자격, ⑧도구·수단, ⑨단위 아홉 가지의 의미를 기준으로 논의를 전개할 것이다.

3.2.1. 장소, 자리

부사격 조사 '에'는 사물이 있는 장소나 사건이 일어나거나 행위가 이루어진 장소를 나타내는 명사에 붙어 쓰이어 '~를 존재의 위치로 하여' 또는 '~를 발생/행위의 거점으로 하여'의 뜻을 나타낸다. 사물이나 사람이 차지하고 있는 장소를 나타낸다. 항상 '있다, 계시다, 위치하다, 많다, 적다'류의 서술어와 함께 쓰인다. 이 때 같은 장소를 나타내는 조사 '에서'로 바꿔 쓸 수 없다.[20]

> (26) a. 그가 살고 있는 지방은 강 가까이에 있다.
>   他住的地方在江附近。
>   b. 영수는 지금 학교에 있다.
>   永洙现在在学校。
>   c. 우리 학교는 신촌에 있다.
>   我们学校在新村。
>   d. 저는 내일 집에 있겠습니다.
>   我明天会在家。
>   e. 버스정류장은 바로 맞은 편에 있습니다.
>   汽车站就在对面。

함께 쓰여) 지정하여 말하고자 하는 대상.

20) 국립국어원(2010: 562~563)에서는 다음과 같은 예문들을 통해 '장소'를 나타내는 '에서'와 '에'의 차이를 설명하고 있다.
'에'와 '에서'를 비교하면 '에'는 동작이나 상태가 나타나는 지점을 가리키는 데 반해 '에서'는 어떤 행위나 동작이 벌어지고 있는 장소를 나타낸다. 그러므로 '에'는 이동이나 위치나 존재를 나타내는 동사들과 쓰이는 반면, '에서'는 일반적인 행위나 동작이 일어나는 장소를 나타내므로 그 밖의 많은 동사가 올 수 있다.
① 식당에 밥을 먹어요. (X)
② 식당에서 밥을 먹어요. (O)

f. 도서관에 어떤 책이 가장 많습니까?
   (在)图书馆里哪些书最多?

g. 거리에 사람들이 많다.
   (在)街上人很多。

h. 학교 뒷산에는 은행 나무가 많다.
   (在)学校后山上银杏树很多。

i. 이 곳에 늘 안개가 심하다.
   (在)这个地方雾总是很大。

중국어에서 사람이나 사물이 차지하고 있는 장소를 나타낼 때 '在'가 많이 쓰인다. '在'는 동사와 개사로 모두 쓰일 수 있는 단어이다. (26) a~e 예문들을 살펴보면 '~에 있다'에 해당하는 중국어 표현은 동사로 쓰인 '在'이다. 즉, '在'가 동사로 쓰일 때 한국어 조사 '에'에 대응하지 않고 동사 '(~에) 있다'에 대응한다. 중국어에서 동사 '在'로 사람이나 사물이 존재하는 장소를 나타낼 때 '명사(사람 또는 사물)+在+장소를 나타내는 명사'의 형식이 쓰인다. 이 때 뒤에 장소를 나타내는 명사로는 '车站(버스정류장), 学校(학교), 饭店(호텔), 银行(은행), 家(집)' 등이 있다. (26) f~i의 서술어는 '多(많다)', '(雾)大 (심하다)'와 같은 형용사로 이루어져 있는데 이 때 한국어 조사 '에'에 대응하는 중국어 표현은 개사 '在'이다. 중국어에서 복합방위사(複合方位詞)[21]는 단독으로 사건이 일어나거나 행위가 이루어진 장소를 나타내는 부사어가 될 수 있기 때문에 (26) f~i에서 개사 '在'가 생략되어도 맞는 표현이다. 하지만 개사 '在'가 쓰이어 '在+명사(장소를 나타내는 명사)'와 같은 개사구로 표현하면 사람이나 사물이 있는 장소나 사건이 일어나거나 행위가 이루어진 장소를 강조하는 표현이 된다.

이와 관련하여 卢福波(1996)는 장소를 나타내는 명사의 성격을 다음과 같이 설명하고 있다.[22] 명사 자신이 처소를 나타내는 단어일

---

21) 예를 들어서, (26)의 f~i중의 图书馆里(도서관에), 街上(길에), 学校后山上(학교 뒷산에), 这个地方(이 곳에).
22) 박창수(2005) 참조.

경우에는 직접 처소의 자리에 쓰인다. 사람이나 사물을 나타내는 보통 명사가 처소를 표시할 때에는 반드시 '上(위쪽)', '里(안쪽)', '下(아래쪽)', '旁边(옆쪽)', '左(왼쪽)', '右(오른쪽)' 등과 같은 방위사나 처소를 대신할 수 있는 대명사 '这儿(여기)', '那儿(저기/거기)' 등이 함께 쓰인다.23) 방위사는 홀로 처소를 표시하기도 한다.24) (26) e의 '对面(맞은편)'은 이에 해당한다.

> (27) a. 어젯밤 서울에 화재가 발생했다.
>   昨晚在首尔发生了火灾。
>   b. 근처에 교통사고가 나서 차가 막혔다.
>   在附近发生了交通事故, 所以堵车了。
>   c. 부모님은 농촌에 살고 계신다.
>   父母生活在农村。(父母在农村生活。)
>   d. 그는 체육관 근방에 거처했다.
>   他住在体育馆附近。(他在体育馆附近住。)
>   e. 모두 운동장에 모이세요.
>   都在运动场集合。
>   f. 전 가족이 한 자리에 모이다.
>   全家人聚在一起。
>   g. 그는 도착하자마자 호텔에 머물렀다.
>   他一到就呆在酒店里。

(27)은 사건이 일어나거나 행위가 이루어진 장소를 나타내는 예문들이다. 이 경우 '발생하다, 살다, 머무르다, 거처하다'류로 표현되는

---

23) (1) 词典在书柜里 (사전은 책장 안에 있다.)
      *词典在书柜
   (2) 沙发在桌子旁边 (소파는 책상 옆에 있다.)
      *沙发在桌子
   (3) 信在小王那儿 (편지는 쇼왕에게 있다.)
      *信在小王
24) (1) 大门在东面 (대문은 동쪽에 있다.)
   (2) 他们在前边 (그들은 앞에 있다.)

서술어와 함께 쓰인다. 이 때 조사 '에서'로 바꿔 쓸 수도 있다.[25)] 이 경우에 조사 '에'에 대응하는 중국어 표현은 개사 '在'이다.

(28) a. 우리는 의자에 앉아서 선생님을 기다렸다.
　　　我们坐在(到)椅子上等待老师。
　　b. 모두 바닥에 앉으세요.
　　　请大家都坐在(到)地上。
　　c. 사과가 땅에 떨어졌다.
　　　苹果掉在(到)地上了。
　　d. 풀잎에 내린 빗방울들이 싱그러운 아침.
　　　落在(到)草叶上的雨珠, 清新的早晨。
　　e. 창문을 동쪽 벽에 내다.
　　　窗户开在(到)东墙上。
　　f. 짐을 너의 집에 맡기다.
　　　行李寄存在(到)你家。
　　g. 책상 옆에 두십시오.
　　　请放在(到)桌子旁边。
　　h. 햇빛이 수면에 비치다.
　　　阳光照射在(到)水面上。

---

25) 국립국어원(2010: 563)에서는 다음과 같은 예문들을 통해 '에서'와 '에'의 차이를 설명하고 있다.
'에'와 '에서'가 같이 쓰이는 경우는 의미의 차이가 있다.
① 학생들이 학교에 모이기 시작했다.
② 학생들이 학교에서 모이기 시작했다.
①에서는 학생들이 모이기 시작한 장소가 학교라는 것을 나타내고, ②에서는 학생들의 모이는 행동이 일어나는 장소가 학교라는 것을 나타낸다. 그런데 '에'와 '에서'가 '살다'라는 동사와 같이 쓰이면 의미의 차이가 거의 없어지는데, '에'는 동작의 움직임이 그 상태로 계속되는 것을 나타내는 데 반해 '에서'는 움직임이 변화되면서 계속 일어나는 것을 나타낸다. 결국 '에'는 정적인 특질을, '에서'는 동적인 특질을 나타낸다.
③ 나는 서울에 산다.
④ 나는 서울에서 산다.
위에서 ③은 서울에 거주하거나 존재하고 있다는 사실을 나타내고, ④는 서울에서 살고 있는 동작이나 생활을 강조하는 의미를 나타낸다.

i. 침대에 반듯이 눕다.
   平躺在(到)床上。

(28)은 서술어의 행동이 일어남으로써 영향을 받게 되는 장소를 나타내는 예문들이다. 이 때 항상 '앉다, 떨어지다, 내리다' 등의 서술어와 함께 쓰인다. 예문 (28)의 '에'는 또한 개사 '在'로 표현하는 데 무리가 없다. 중국어에서 개사 '到'는 또한 사람이나 사물이 어떤 행동을 통해서 어떤 곳에 도달하였거나 멈추고 있음을 나타낼 수 있다. 하지만 개사 '在'는 처소를 나타낼 때 출생, 거주, 발생 등의 장소를 가리킬 경우에는 동사 앞뒤에 오고[26] 동작이 도달한 처소를 가리킬 경우에는 동사 뒤에 온다. 개사 '到'는 '동사+到'의 형식으로 사람이나 사물이 동작에 의해 어떤 장소를 도달했음을 표시한다. 이렇게 보면 개사 '在'와 '到'는 모두 동작이 도달한 장소를 나타낼 수 있어 (28)의 '에'는 '在'와 '到'로 모두 표현될 수 있다.

(29) a. 오늘 아침 일찍 학교에 갔어요.
       今天早晨很早就去学校了。
    b. 다방에 가면 친구를 만날 수 있나요?
       去茶馆能遇到朋友吗?
    c. 아버지께서는 일요일마다 설악산에 가십니다.
       爸爸每个周日都去雪岳山。
    d. 수진도 도서관에 와요.
       秀珍也来图书馆。
    e. 여기에 온 지 오 년이 되었습니다.
       来这儿五年了。
    f. 조금 있으면 런던에 도착합니다.
       再过一会儿就到伦敦了。
    g. 기자들이 사고 현장에 도착했다.
       记者们到达了事故现场。

---

26) 1) 在北京出生。/ 出生在北京。(베이징에서 태어났다.)
    2) 在北京居住。/ 居住在北京。(베이징에 거주한다.)

h. 열한 시 반까지 공항에 닿아야 합니다.

　　11点半得赶到机场。

i. 우리 딸은 아직도 대학에 다녀요.

　　我的女儿还在上大学。

j. 누나는 직장에 다녀요.

　　姐姐上班。

k. 학교에 다닙니다.

　　上学。

(29)는 행동의 목표가 되는 장소나 도달점을 나타내는 예문들이다. (29)a~(29)e는 행동의 목표가 되는 장소를 나타내는 명사에 붙어 쓰이어 '~로 이동하여'의 뜻을 나타내는 예문들이다. '가다, 오다' 등 이동의 의미를 나타내는 서술어와 함께 쓰이고 때로는 조사 '로/으로'나 '를/을'로 바꿔 쓸 수 있다. (29)f~(29)h는 이동이나 사건의 도달점을 나타내는 말에 붙어 쓰이어 '~를 이동의 목적지로 삼아'의 뜻을 나타내는 예문들이다. '도착하다, 닿다, 이르다'류로 표현되는 서술어와 함께 쓰인다. (29)i~(29)k는 '다니다, 가다'류로 표현되는 서술어와 함께 쓰이어 어떤 목적을 가지고 반복적으로 드나드는 곳을 나타내는 말에 붙어 '~을 반복적으로 오고가는 목적지로 삼아'의 뜻을 나타내는 예문들이다. 이 경우 조사 '를/을'로 바꿔 쓸 수 있다. 예문 (29)를 살펴보면 이 때에 조사 '에'는 중국어에서는 개사의 형식이 아닌 동사가 목적어를 직접 취하는 '동사+목적어'의 형식으로 표현한다. 목적지를 나타내는 '에'는 '来, 去, 到达, 到, 赶到, 上'처럼 '에'와 함께 쓰이는 동사 '오다, 가다, 도착하다, 닿다, 다니다'가 직접 중국어로 표현된다.

(30) a. 지우개는 연필에 붙어 있다.

　　橡皮贴在铅笔上了。

b. 문에 붙은 메모지를 발견했다.

　　发现了贴在门上的便条。

c. 벽에 표어를 붙인다.
　　在墙上贴标语。
d. 흙이 바지에 묻었다.
　　泥土粘在裤子上了。
e. 사다리를 담에 기대어 세우다.
　　把梯子靠在墙上。
f. 아이는 어머니 옆에 기대다.
　　孩子依偎在母亲身边。
g. 문에 기대지 마시오.
　　不要靠在门上。

　　(30)은 닿아 있는 물건 따위를 나타내는 말에 붙어 쓰여 '~과 마주 닿아'의 뜻을 나타내는 예문들이다. 하지만 주어가 유정명사인지 무정 명사인지에 따라 다르다. 주어가 무정명사일 경우에는 그것이 닿아 있는 장소를 나타내고 '닿다, 붙다, 묻다'류 동사와 함께 쓰인다. (30)a~(30)d의 경우는 이에 해당한다. 주어가 유정명사일 경우에는 장소의 의미와 대상의 의미를 아울러 나타내고 '기대다, 부딪치다'류 동사와 함께 쓰인다. (30)e~(30)g의 경우는 이에 해당한다. 이 두 가지 경우가 이러한 차이가 있지만 일반적으로 중국어 개사 '在'로 표현하면 무리가 없어 보인다.

　　(31) a. 이걸 냄비에 넣고 녹이세요.
　　　　　请把这个放在(到)锅里熔化。
　　　b. 수진은 돈을 주머니에 넣고 가게로 달려갔다.
　　　　　秀珍把钱放在(到)口袋里向商店跑去。
　　　c. 그는 차에 짐을 싣고 떠났다.
　　　　　他把行李装在(到)车上离开了。
　　　d. 쌀을 항아리에 담아라.
　　　　　把米放在(到)缸里。
　　　e. 그는 자신이 편지를 쓰는 동안 개를 침대 다리에 묶어 달라고 그녀에게 부탁했다.
　　　　　他拜托她在他写信的时候, 将狗拴在(到)床上。

(31)은 '넣다, 두다, 쓰다'류로 표현되는 서술어와 함께 쓰이어 행동의 영향을 받는 장소를 나타내는 말에 붙어 '~를 대상으로 하여'의 뜻을 나타내는 예문들이다. '에다가'로 바꿔 쓸 수 있다.[27] 이 때 또한 중국어 개사 '在'로 표현할 수 있고, (28)과 같이 '사람이나 사물이 동작에 의해 어떤 장소를 도달했음'을 나타내는 개사 '到'로 표현할 수도 있다.

(32) a. 한국의 옛날 이야기에 등장하는 인물들은 대부분 서민 중심이다.
　　　 在韩国故事里(中)出现的人物大部分是以庶民为中心的。
　　 b. 인류가 지구에 출현한 것은 그리 오래 되지 않았다.
　　　 人类出现在地球上的时间并不长。
　　 c. 상품권 암거래상이 소리 없이 시장에 출현한다.
　　　 商品券不法商贩悄然在市场上出现。
　　 d. 그런 사랑 이야기가 이 책에도 나온다.
　　　 那样的爱情故事在这本书里(中)也出现了。

(32)는 나타나는 곳 등을 뜻하는 말에 붙어서 출현하는 장소를 나타낸다. (32)a~(32)c는 '등장하다, 출현하다'류로 표현되는 서술어와 함께 쓰이어 출현 장소를 나타내는 예문들이다. (32)d는 '나오다'류로 표현되는 서술어와 함께 쓰이어 책이나 인용하는 말 등에 붙어 출전을 나타내는 예문이다. 이 때는 (32)에서 제시하듯이 개사가 아닌 '在……里/中'과 '在……上'의 형식으로 표현한다. 개사 '在'는 출현하는 장소를 나타낼 수 있는데 이러한 문장에서 '在'만으로 표현하면 어색한 문장이 된다. 그리고 출현하는 장소 의미에 따라 쓰임이 다르다. '이야기', '책'과 같은 어떤 내용을 담고 있는 것을 나타낼 때는 '在……里/中(~속/중에)'가 쓰이고 '지구', '시장'과 같은 일정한 면적이 있는 평면적인 장소를 나타낼 때는 '在……上(~상에)'이 쓰인다.

---

27) 국립국어원(2010: 564): 이런 경우에는 그 의미를 강조하기 위해 뒤에 조사 '다가' 나 그 준말인 '다'를 붙인 '에다가', '에다' 형태를 쓰기도 한다.

3.2.2. 대상

'매혹되다, 열중하다, 미치다, 기대를 걸다, 남기다, 미루다'류로 표현되는 서술어와 함께 쓰이며, 행위자의 행위가 영향이 미치는 대상을 나타내는 말에 붙어 '~를 대상으로 삼아'의 뜻을 나타낸다. 이 경우 무정명사나 사람이 아닌 유정명사에는 '에'를, 사람명사에는 '에게'를 쓴다. 이 때에는 중국어 대상을 나타내는 개사 '于'로 표현할 수 있다.

(33) a. 그는 그림 그리기에 열중하고 있다.

他热衷于画画。

b. 그는 텔레비전을 보는 일에 열중하고 있다.

他热衷于看电视。

c. 그 사람은 도박에 미쳐서 가정도 돌보지 않다.

那个人迷恋于赌博根本不照顾家。

d. 그는 남자 친구가 지나치게 축구에 미쳐 있어서 헤어졌다.

她因为男朋友太迷恋于足球所以分手了。

e. 듣는 이들이 그의 고론과 안목에 완전히 매혹되었다.

听众们完全沉醉于他的高谈阔论。

f. 앞날에 기대를 걸다.

寄希望于未来。

g. 저는 이번 일의 결과에 기대를 걸고 있습니다.

我寄希望于这次工作的结果。

h. 직무에 충실하다.

忠于职守。

i. 현 상황에 만족하지 않다.

不满足于现况。

j. 자료수집에 바쁘다.

忙于收集资料。

(34) a. 어머니는 아침마다 꽃에 물을 준다.

妈妈每天早晨给花浇水。

b. 기계 공장에서 절약한 강재를 농기구 공장에 떼어 준다.

把机械工厂节余的钢材划拨给农具厂。

c. 청춘을 조국에 바친다.

把青春献给祖国。

d. 그는 그의 일생을 과학 연구에 바쳤다.

他把他的一生献给科学研究了。

(34)는 '대다, 주다, 바치다'류로 표현되는 서술어와 함께 쓰이어 무엇을 받는 주체를 나타내는 말에 붙어 '~를 받는 대상으로 하여'의 뜻을 나타내는 예문들이다. '~에게'의 뜻이다.[28] 이러한 무엇을 받는 주체를 나타낼 때에는 중국어 개사 '给'이 쓰인다.

'给'은 동사와 개사 두 가지 품사를 겸유(兼有)하는데 주로 다음과 같은 다섯 가지 역할을 한다.[29]

① 동사술어로 쓰여 '~에게 주다'로 해석된다. 이 경우의 '주어+给+목적어(또는 數量補語)'의 형식을 취한다.

(35) a. 我给他了。

나는 그에게 주었다.

b. 这是妈妈给我的。

이것은 어머니께서 나에게 주신 것이다.

② 이중목적어를 갖는 동사술어로 쓰여 '~에게 ~을 주다'로 해석된다. 이 경우에 '주어+给+간접목적어+직접목적어'의 형식을 취한다.

(36) a. 我给你机会。

내가 너에게 기회를 주겠다.

b. 我把最宝贵的感情给了一个男人。

나는 가장 귀중한 감정을 한 남자에게 주었다.

---

28) 이익섭·채완(2003: 179): '에'는 無情物에 쓰이고, '에게'는 有情物(특히 사람)에 쓰인다. 이렇게 보면, '에'와 '에게'는 결국 같은 의미를 가지면서 상보적 분포를 가지는 관계에서 한 형태소의 두 이형태라는 결론을 얻게 된다.

29) 이화영(1998) 참조.

③ 피동을 나타내어 '~가' 또는 '~에 의해서'로 해석된다. 이 경우 '주어+给+명사+술어'의 형식을 취한다.

(37) a. 生日刚过完三天就给汽车撞断了腿。
　　　생일 후 3일 만에 다리가 자동차에 치어 부러졌다.
　　b. 要电话做什么? 给小孩子弄坏了, 修起来要花钱。
　　　전화는 왜? 아이가(아이들에 의해서) 망가뜨렸어, 고치려면 돈이 든다.

④ '给+명사'의 개사구는 부사어로 쓰여 '~에게'로 해석된다. 하지만 '에게'는 그 대상이 무정명사일 때는 '에'가 쓰인다. 이 경우 '주어+给+명사+술어+목적어'의 형식을 취한다. (34)의 a는 이 경우에 해당한다.

(38) a. 他给我写信了。
　　　그는 나에게 편지를 썼다.
　　b. 我给他买了一件毛衣。
　　　나는 그에게 스웨터 하나를 사 주었다.

⑤ '给+명사'의 개사구는 보어로 쓰여 '~에게/에 ~해 주다'로 해석된다. 이 경우는 목적어의 위치에 따라 세 가지 유형으로 나누어진다.

첫째, '주어+술어+给+명사+목적어'의 형식을 취한다.

(39) a. 我送给你这本书。
　　　이 책을 너에게 선물할게.
　　b. 我还给你一百块钱。
　　　너에게 백 원 돌려줄게.

둘째, '주어+술어+목적어+给+명사'의 형식을 취한다.

(40) a. 晚上我打电话给你。

　　　　밤에 너한테 전화할게.

　　　b. 你买一本书给他吧。

　　　　당신 그에게 책 한 권 사 주세요.

셋째, '주어+把+목적어+술어+给+명사'의 형식을 취한다. (34)의
b~d는 이 경우에 해당한다.

(41) a. 把钱还给他了。

　　　　돈을 그에게 돌려 주었다.

　　　b. 后来把什么手艺都交给他了。

　　　　나중에는 어떤 기술이든 다 그에게 가르쳐 주었다.

(42) a. 그 사람은 경찰에 쫓기고 있다.

　　　　那个人正在被警察追赶。

　　　b. 이들은 나치에 쫓겨 미국으로 망명하였다.

　　　　他们被纳粹追赶流亡到了美国。

　　　c. 그는 달려드는 팬들에 깔려 부상을 입었다.

　　　　他被扑来的歌迷们压在下面受伤了。

(42)는 '쫓기다, 깔리다'류로 표현되는 서술어와 함께 쓰이어 주어
에 대해 행위를 미치는 주체를 나타낸다. 피동문에 쓰인다. 이 때에는
피동을 나타내는 중국어 개사 '被'로 표현한다.

(43) a. 이 책은 동물에 관련된 것이다.

　　　　这本书是和(与)动物有关的。

　　　b. 그 사람들은 이번 사건에 관련되지 않았습니다.

　　　　那些人和(与)这次事件无关。

　　　c. 그 사람은 이 문제에 관계하고 있다.

　　　　那个人和(与)这个问题有关系。

　　　d. 지하조직에 관계하지 않다.

　　　　和(与)地下组织没有关系。

(43)은 '관련되다, 관계하다'류로 표현되는 서술어와 함께 쓰이어 관계를 맺거나 관련된 대상을 나타내는 말에 붙어 '~과'의 뜻을 나타낸다. 이 때에는 중국어 개사 '与', '和'로 표현한다. '与'는 문어만으로 쓰이고 '和'는 문어와 구어로 모두 쓰인다.

중국어에서 '~와/과'의 뜻을 나타내는 개사는 '跟'과 '同'도 있는데 '跟'은 구어에서 쓰이고 특히 중국 북방 사람이 말하는 데 많이 사용된다. '同'은 구어와 문어에서 모두 쓰일 수 있지만 주로 강절(江浙), 화중(華中) 지역에서 많이 사용된다.[30]

(44) a. 고래는 포유 동물에 속한다.
　　　鲸鱼属于哺乳动物。
　　 b. 한국의 기후는 사계절의 구분이 뚜렷한 온대에 속한다.
　　　韩国的气候属于四季分明的温带。
　　 c. 이 말에는 여러 가지의 뜻이 포함되어 있다.
　　　这句话包含着多种意思。
　　 d. 철수는 독감에 걸렸다.
　　　哲洙得了感冒。
　　 e. 음악에 맞춰 춤을 추는 게 쉽지는 않다.
　　　跟着音乐的节奏跳舞并不容易。
　　 f. 우린 상급자의 명령에 따랐을 뿐이야.
　　　我们仅是执行上级的命令而已。
　　 g. 들어오는 열차에 주의하여 주십시오.
　　　请注意进站的列车。

(44)a~c는 '속하다, 포함되다'류로 표현되는 서술어와 함께 쓰이어 행동이나 상태의 한정된 범위를 나타내는 예문들이다. (44)d~g는 '따르다, 집중하다, 걸리다'류로 표현되는 서술어의 대상을 나타낸다. 이러한 경우에는 중국어 개사의 도움이 없이 '동사+목적어'의 형식을 취하여 표현한다. 이것은 '属于(속하다)', '包含(포함하다)', '执行(따르다)',

---

30) 侯学超(2004: 228): '跟'用于口语, 特別在北方话中用得多。'同'多用于江浙、华中一带。

'集中(집중하다)', '得 (걸리다)'와 같은 동사는 개사의 도움이 필요없이 직접 대상을 나타내는 명사를 가질 수 있기 때문이다.

(45) a. 그는 슬픔에 잠겨 울고 있다.
   他沉浸在悲伤中痛哭。
   b. 생각에 잠겨서 불러도 대답이 없었다.
   沉浸在思考中，叫他也没答应。
   c. 나는 고민에 빠져 며칠을 뜬눈으로 새웠다.
   我陷入苦恼中几天都没合眼。
   d. 경제가 마비 상태에 빠졌다.
   经济陷入瘫痪状态。
   e. 이로 인해 막심한 고통에 빠졌다.
   为此陷入了莫大的痛苦之中。

(45)는 '잠기다, 빠지다, 겹다, 적다'류로 표현되는 서술어와 함께 쓰이어 심리 상태나 인지 상태가 미치는 대상임을 나타낸다. 이러한 의미를 나타내는 개사는 역시 '在'인데 뒤의 동사에 따라 쓰임이 다르다. '沉浸(잠기다)'과 같은 동사가 오면 개사 '在'의 도움이 필요한데 '陷入(빠지다)'과 같은 동사가 오면 개사의 도움이 없이 '동사+목적어'의 형식을 취하여 표현한다. '陷入' 이 동사 구조에는 어떤 상태가 미치는 대상을 표시할 수 있는 개사 '入'이 들어가 있기 때문에 다른 개사의 도움이 없이 표현하는 데 무리가 없다.

3.2.3. 기준

(46) a. 그 학생의 답안은 정답에 가까웠다.
   那个学生的答案接近于正确答案。
   b. 그는 거의 고함에 가까운 소리로 노래를 부르고 있다.
   他用接近于高喊的声音在唱歌。
   c. 그런 행동은 예의에 벗어난다.
   那样的行为有悖于礼仪。

d. 여기는 가족 동반하여 외식하기에 어울리는 곳이다.
　　这里是适合于同家人一起在外用餐的地方。
e. 상품의 품질이 서방 각국의 제품에 필적한다.
　　商品的品质可匹敌于西方各国的产品。

(46)은 '걸맞다, 어울리다, 가깝다, 필적하다'류로 표현되는 서술어와 함께 쓰이어 서술어의 기준점을 나타내는 말에 붙어 '~과 (비교하여)'의 뜻을 나타낸다. 이 때의 조사 '에'는 중국어 개사 '于'로 표현된다.

(47) a. 금전도 명예도 외모도 사랑에 비길 만한 것은 못 됩니다.
　　　金钱，名誉，外貌都不能和(与)爱情相比。
b. 나아가 자연은 동식물에 비교해야 한다.
　　今后应该将自然和(与)动植物作比较。
c. 인생은 종종 항해에 비유된다.
　　人生常常被比作航海。
d. 곧고 굳으며 굴할 줄 모르는 품성을 소나무에 비유한다.
　　把坚贞不屈的品德比作松树。

(47)은 '비기다, 비교하다, 비유하다'류로 표현되는 서술어와 함께 쓰이어 비교나 비유의 대상을 나타내는 말에 붙어 '~과 (비교하여/비유하여)'의 뜻을 나타낸다. 이 때 '다가'가 첨가되어 쓰이기도 한다. 중국어에서 '비교'를 나타내는 문장과 '비유'를 나타내는 문장 구조는 다르다. '비교'를 나타내는 문장은 항상 '和(与)……相比', '和(与)……作比较'의 형식으로 표현하는데 이 때에는 중국어 개사 '和(与)'에 대응할 수 있다. (47)의 a~b는 이에 해당한다. '비유'를 나타내는 문장은 항상 동사 '比作'로 표현하는데 '作'은 '~가 되다'의 의미를 가지기 때문에 다른 개사의 도움이 없이 직접 비유의 대상을 나타낼 수 있다.

(48) a. 몸에 좋은 약
　　　对身体好的药。

b. 공복에 마시는 물 한 잔이 몸에 좋다.

空腹喝的一杯水对身体好。

c. 이 약은 감기에 잘 듣는다.

这种药对感冒很有效。

d. 이 약은 신경통에 좋습니다.

这种药对神经痛有效。

e. 이것은 학습에 도움이 되는 책이다.

这是对学习有帮助的书。

f. 그의 상태는 듣기에 매우 심각하다.

他的状态听起来很严重。

g. 그의 목소리는 듣기에 너무 가식적이다.

他的声音听起来很做作。

h. 이 천의 색깔과 모양은 보기에 매우 고상하다.

这种布的颜色和花样看起来很大方。

(48)a~(48)e는 일반적인 판단 기준을 나타내고 이 때의 '에'는 중국어 개사 '对'에 대응한다. (48)f~(48)h는 말하는 이의 판단 기준을 나타내는데 이 때 조사 '에'에 대응하는 중국어 개사를 찾을 수 없고 '听起来(듣기에)', '看起来(보기에)' 형식으로 표현된다.

3.2.4. 자격

(49) a. 그가 반장에 뽑혔다.

他被选为班长。

b. 그는 비서에 임명되었다.

他被任命为秘书。

c. 그는 재작년에 인민대표에 선출되었다.

他前年被选为人民代表。

d. 대통령에 취임하다.

就任(为)总统。

(49)는 '임명되다, 취임하다'류로 표현되는 서술어와 함께 쓰이어

자격, 신분을 나타내는 말에 붙어 '~로'의 뜻을 나타낸다. 이 경우에 조사 '로/으로'와 바꿔 쓸 수 있다. 앞 내용에서 언급했듯이 '~에/에게 어떤 신분이나 자격을 부여하다', '사람이 어떤 신분이나 자격을 가지게 되다'의 뜻을 표현하는 데 개사 '为'를 통해서 이 신분이나 자격을 나타낸다. 따라서 (49)는 모두 중국어 개사 '为(wéi)'로 표현하는 데 무리가 없다. (49)d와 같은 경우에 동사 '就任(취임하다)'은 개사의 도움이 없이 직접 자격을 나타내는 목적어를 가질 수 있기 때문에 이 때 개사 '为(wéi)'가 생략될 수도 있다.

3.2.5. 원인, 이유

(50) a. 더위에 지친 사람들
    因为(由于/因)炎热而疲惫的人们
   b. 아기가 북소리에 놀라서 막 운다.
    孩子因为(由于/因)受到鼓声惊吓哭了起来。
   c. 소녀가 추위에 떨고 있다.
    女孩儿因为(由于/因)寒冷在发抖。
   d. 나는 두려움에 떨었다.
    我因为(由于/因)害怕而发抖。
   e. 밤의 냉기에 고개 숙여 오므린 꽃들
    因为(由于/因)夜晚冷空气而凋谢的花朵

(50)은 원인이나 이유를 나타내는 말에 붙어 '~를 원인/이유로 하여'의 뜻을 나타낸다. 이 때에 원인을 나타내는 '因为(由于/因)'로 표현하는 데 무리가 없다. 개사 '由'도 원인, 이유를 나타낼 수 있는데, 앞 내용에서 언급했듯이 '어떤 사건의 책임자나 직접 원인'을 강조하는 것이라서 (50)의 '에'에 대응될 수가 없다.

(51) a. 그는 요란한 소리에 잠을 깼었다.
    他被嘈杂的声音吵醒了。

b. 산길이 큰 눈에 막혔다.

  山路被大雪封住了。

c. 나무 끝이 석양에 금빛으로 빛났다.

  树梢被夕阳涂上了一层金色。

d. 호기심에 사로잡히다.

  被好奇心驱使。

e. 옷이 비에 흠뻑 젖었다.

  衣服被雨淋透了。

(51)은 피동 의미를 나타내는 예문들인데 이 때의 조사 '에'는 중국어 피동을 나타내는 개사 '被'로 표현한다.

3.2.6. 도구, 수단

(52) a. 손가락이 칼에 베어 찢어졌다.

  手指被刀划破了。

b. 철수는 적군의 총에 맞았다.

  哲洙被敌军的子弹打中了。

c. 돌에 채어 넘어질 뻔했다.

  差点被石头绊倒了。

(52)는 도구를 나타내는 말에 붙어 쓰여 '~를 도구로 하여/이용하여'의 뜻을 나타낸다. 하지만 '에'는 그것을 도구로 하여 의도하지 않은 채 그 행위가 일어났음을 나타내기 때문에 중국어에서 피동 의미를 나타내는 '被'로 표현한다. 예를 들어 (52)a는 서술어 '베어 찢어졌다'를 통해 칼에 베인 것이 의도한 것이 아님을 유추할 수 있다. 따라서 이 경우 중국어에서는 '~에 의하여'라는 피동의 의미를 지닌 '被'로 표현됨이 적절하다.

(53) a. 난로에 옷을 말리다.

  用(拿)暖炉烘干衣服。(在暖炉上烘干衣服。)

b. 연탄 난로에 라면을 끓였다.

用(拿)煤炭炉煮方便面。(在煤炭炉上煮方便面。)

c. 아기 기저귀는 햇볕에 말려야 좋다.

孩子的尿布用(拿)阳光晒才好。

(孩子的尿布在阳光下晒才好。)

d. 할머니는 강물에 채소를 씻는다.

奶奶用(拿)河水洗菜。(奶奶在河水里洗菜。)

(53)은 도구이면서 서술어가 나타내는 행위의 영향을 받는 장소 같은 성질도 나타내기 때문에 중국어는 두 가지로 표현된다. 즉, 도구를 나타내는 개사 '用(拿)'과 장소를 나타내는 개사 '在'인데, 이것은 의도하지 않은 채 행위가 발행한 경우에 속하지 않는다.[31]

도구를 나타낼 때 개사 '用'은 앞 내용에서 언급했듯이 구어에서 많이 사용되는 '拿'와 호환해서 표현할 수도 있다. 장소를 나타낼 때 3.2.1절에서 언급했듯이 사람이나 사물을 나타내는 보통명사가 처소를 표시할 때에는 반드시 '上(위쪽)', '里(안쪽)', '下(아래쪽)', '旁边 (옆쪽)', '左(왼쪽)', '右(오른쪽)' 등과 같은 방위사(方位词)나 처소를 대신할 수 있는 대명사 '这儿(여기)', '那儿 (저기/거기)'등이 함께 쓰인다. 따라서 (53)의 a~d에서 각각 보통명사 '暖炉(난로)', '煤炭炉(연탄 난로)', '阳光(햇볕)', '河水(강물)' 뒤에 방위(方位)를 나타내는 '上(위쪽)', '下(아래쪽)', '里(안쪽)'을 붙여서 표현한다.

---

31) 국립국어원(2010: 564)에서는 다음과 같은 예문들을 통해 '도구, 수단, 방법'을 나타내는 '에'와 '로/으로'의 차이를 설명하고 있다.

도구나 수단, 방법을 나타내는 '에'와 '로/으로'를 비교하면 아래 ①, ②처럼 그 의미를 구분하기 쉽지 않을 때도 있지만, ③과 ④, ⑤와 ⑥에서 알 수 있듯이 일반적으로 '에'는 의도하지 않은 행위를 나타내지만 '로/으로'는 의도가 있다는 것을 나타낸다.

① 고기는 강한 불에 익혀야 한다. (O)

② 고기는 강한 불로 익혀야 한다. (O)

③ 종이에 손이 베었다. (O)

④ 종이로 손을 베었다. (X)

⑤ 나는 칼에 종이를 잘랐다. (X)

⑥ 나는 칼로 종이를 잘랐다. (O)

3.2.7. 시간

(54) a. 한 시에 만나자.

 (在)一点见。

 b. 주말에 등산이나 갈까요?

 (在)周末去登山怎么样?

 c. 몇 시에 돌아왔어요?

 (在)几点回来的?

 d. 오늘 몇 시에 수업이 있어요?

 (在)今天几点有课?

 e. 오전에는 공부를 하고 오후에 친구를 만나다.

 (在)上午学习, (在)下午见朋友。

(54)는 시간을 나타내는 말에 붙어 쓰이어 '~의 때/동안', '~의 기간을 통하여'의 뜻을 나타낸다. 柳英绿(1999)에 의하면 중국어에서는 '一点', '周末', '上午', '下午'와 같은 시간사(時間詞)가 직접 부사어가 될 수 있기 때문에 시간을 표현하는 개사의 도움 없이 시간을 나타내는 단어만으로 표현이 가능하다.

그런데 张宏胜(1997)에서는 문두에서 오는 '在'가 드러나지 않아도 되는 경우, 반드시 사용해야 하는 경우, 사용해도 되고 사용하지 않아도 되는 경우에 대해 이야기한 바 있다. 이 연구에서는 ①문장 전체 주어의 행위자가 불명확한 경우, ②'有(있다)'가 술어인 존현문(存現文), ③방위사(方位词)가 문두에 올 때, ④시간사나 단순 시간명사구가 문두에 올 때, ⑤방위구(方位句)가 문두에 올 때, ⑥동사가 생략된 존현문(存現文), ⑦방위구(方位句)가 주어가 되고 형용사가 술어가 된 묘사문(描寫文)인 경우에 '在'가 드러나지 않는다. 이에 따라서 (54)의 a, b, c, e는 ④번 경우에 해당하고, (54)의 d는 ②번과 ④번 경우에 모두 해당한다.

(55) a. 그 일을 한 시간에 다 끝내라.

　　一小时内(之内)结束这项工作。

　　b. 이틀에 그 책을 다 읽을 수 있겠니?

　　两天内(之内)能读完那本书吗?

　　c. 어린이는 하루에 9~10시간 자야 한다.

　　小孩子一天内(之内)要睡九到十个小时。

　　d. 하루에 그 모든 일을 다 할 수는 없다.

　　一天内(之内)不能做完所有的事情。

　　e. 소질이 있는 사람이라면 심지어는 하루만에 마스터할 수가 있다.

　　如果是有潜质的人, 甚至一天内(之内)就能掌握。

　　(55)는 시간을 나타내는 말에 붙어 쓰여 그 시간의 경과(經過)를
나타낸다. 이 때의 '에'는 중국어 시간의 경과(經過)를 나타내는 명사
'内', '之内'로 표현한다.

(56) a. 며칠 전에 이상한 전화를 받았었다.

　　(在)几天前接到了奇怪的电话。

　　b. 사전에 이미 그들에게 경고하였다.

　　(在)事前已经警告他们了。

　　c. 날이 어두워진 뒤에 밖으로 나가는 게 금지된다.

　　(在)天黑后禁止外出。

　　d. 여름 방학 중에 나는 다이어트를 했다.

　　(在)暑假时我减肥了。

　　e. 몇 년 동안에 이 지대의 작은 나무는 자라서 큰 숲을 이루었다.

　　(在)几年里, 这一片小树已长成了森林。

　　f. 하룻밤 사이에 부자가 되었다.

　　(在)一夜之间成了富翁。

　　(56)은 역시 시간을 나타내는 예문들인데 (56)a~(56)c는 '사전에,
일전에, 일시에, 순식간에, 부지불식간에, 차제에, 단박에, 무심결에'
등에 쓰이고,[32] (56)d~(56)f는 '중에, 동안에, 사이에, 은연중에' 등에

---

32) '에'를 생략할 수 없다. (이희자·이종희 2001: 689) 참조.

쓰인다.[33] 이러한 시간사와 같이 쓰이는 경우는 역시 중국어 개사 '在'로 표현된다. 그리고 柳英绿(1999)와 张宏胜(1997)의 논의에 의하면 (56)중의 '在'는 또한 생략될 수도 있다.

3.2.8. 상황, 출전

(57) a. 이 비에 어딜 가십니까?
　　　这么大的雨, 您去哪儿?
　　b. 이 무더위에 어떻게 지냈니?
　　　这么热的天, 怎么度过的?
　　c. 학생 신분에 이런 곳에 오다니, 너 혼 좀 나야겠구나!
　　　一个学生来这种地方, 真是该好好教训教训你了!
　　d. 우리 주변에는 어려운 처지에 있는 사람들이 많습니다.
　　　(在)我们周围有很多处于难处的人。

(57)은 상황이나 환경, 조건을 나타낸다. 중국어에서는 '这么大的雨(이 비에)', '这么热的天(이 무더위에)', '一个学生(학생 신분에)', '我们周围(우리 주변에)'와 같은 구로 어떤 상황을 표현하기 때문에 이 때 '에'에 대응하는 단어를 찾기 어렵다. 하지만 (57) d의 '周围(주변)'는 장소를 나타내는 단어라서 장소나 처소를 나타내는 개사 '在'를 붙여서 표현해도 된다.

(58) a. 우리 나라 속담에 발 없는 말이 천 리 간다고 했다.
　　　我国俗话说, 言飞千里。
　　b. 옛날에 기쁨이 지나치면 슬픔이 온다고 했다.
　　　古话说, 乐极生悲。
　　c. 한국 속담에 낮말은 새가 듣고 밤말은 쥐가 듣는다고 했어.
　　　韩国的俗话说, 隔墙有耳。

---

33) '에'를 생략할 수 있다. (이희자·이종희 2001: 690) 참조.

(58)은 다른 사람의 말이나 속담 등을 인용함을 나타낸다. 중국어에서는 사람의 말이나 속담 등을 인용할 때 항상 동사 '说(말하다)'가 뒤에 직접 인용하는 내용을 가지고 '说+인용의 내용'의 형식으로 표현한다. 따라서 이 때 조사 '에'에 대응하는 단어를 찾을 수 없다.

(59) a. 남들이 다 떠나가는 판국에 그만 혼자 쓸쓸히 남아 있었다.
　　　　在其他人都离开的情况下，只有他一个人留了下来。
　　 b. 막내는 다섯 아이 중에 유달리 애를 태운 아이였다.
　　　　在五个孩子中，最小的孩子是最让人操心的。
　　 c. 이런 일이 생긴 마당에 내가 도와 줄 수 있는 방법이 없다니...
　　　　在发生这种事情的情况下，我居然帮不上忙……

(59)는 '판국에, 터에, 중에' 등에 쓰이어 상황이나 처지, 조건을 나타낸다. 이 때의 '에'는 중국어에서 어떤 처지나 상태에 있음을 나타내는 개사 '在'로 표현한다.

3.2.9. 단위

(60) a. 이 가방은 남대문 시장에서 만 원에 샀어.
　　　　这个书包是在南大门市场花一万块钱买的。
　　 b. 게임 시디를 오천 원에 팔았다.
　　　　游戏CD卖了五千块钱。
　　 c. 정말 이만 원에 이걸 다 샀단 말이니?
　　　　你是说花两万块钱买了这些东西吗？
　　 d. 손님: 이 사과 얼마예요?
　　　　客人: 苹果多少钱？
　　　　주인: 천 원에 두 개예요.
　　　　店主: 一千块钱两个。
　　 e. 그녀는 하루 삼만 원에 파출부 일을 한다.
　　　　她在做一天三万块钱的钟点工工作。

(60)은 가격을 나타내는 말에 붙어 쓰이어 '~를 받고', '~를 값으로 하여'의 뜻을 나타낸다.

(61) a. 이삿짐이 너무 많아서 한 번에 나르지 못했다.
　　　行李太多一次搬不了。
　　b. 한 번에 너무 많이 강의하면 학생들이 소화하지 못한다.
　　　一次讲得太多, 学生们消化不了。
　　c. 한번에 다 처리해 주세요.
　　　请给我一次办好。
　　d. 나는 두 번에 나누어서 병을 다 비워 버렸다.
　　　我分两次将瓶子倒空了。
　　e. 첫 번째에 할 일이 무엇인지 생각해 보자.
　　　想想首先要做的事情是什么。

(61)은 횟수, 순서 등을 나타내는 예문들이다. 단위를 나타내는 '에'는 대개 중국어에서는 별도의 표지 없이 바로 수, 가격, 횟수, 순서, 기준, 단위 등을 나타내는 말로 표현된다.

3.3. '에서'에 대응하는 중국어 표현

한국어 조사 '에서'의 의미는 역시 앞서 같은 논자의 견해를 통해서 검토하고 아래 [표 10]과 같이 정리해 보았다.

[표 10] 조사 '에서'의 의미 기능

	표준국어대사전 (1999)		연세한국어사전 (2002)	(외국인을 위한) 한국어 학습 사전 (2006)		(한국어 학습용) 어미·조사 사전 (2001)		이희자·이종희 (1998)
1	처소	부사격	장소	장소	부사격	장소	부사격	장소
2				상태				
3	출발점		출발점,	출발하는 장소		출발점,		출발점,

	표준국어대사전(1999)	연세한국어사전(2002)	(외국인을 위한)한국어 학습 사전(2006)	(한국어 학습용)어미·조사 사전(2001)	이희자·이종희(1998)
		기준점		기준점	기준점
4		조사	출처	조사	조사
5	근거				
6	비교의 기준	비교의 기준이 되는 점	기준	비교의 기준점	비교의 기준점
7	주어임을 나타냄	주격 조사	행위의 주체	주격 조사	주격 조사
8		특수한 용법34)		'~에서 ~까지'의 꼴로 쓰임	갇힌 언어 단위 내에서 가능함

위의 [표 10]에서 살펴본 결과 각 논자의 견해에서 부사격 조사로 쓰인 '에서'의 의미는 '처소/장소', '출발점', '기준'의 의미는 공통으로 제시되어 있다. 《표준국어대사전》(1999)에서만 설정하고 있는 '근거'는 다른 논자들 견해의 '출발점'에 포함할 수 있다. 《(외국인을 위한)한국어 학습 사전》(2006)에서 분류한 '상태'와 '출처'는 사전에서 제시된 예문을 통해서 광의로 볼 때 앞에 제시된 '처소/장소'에 포함됨을 알 수 있다. 그리고 '부사격 조사' 이외 '주격 조사'는 용어에 차이가 있지만 모두 설정하고 있는 의미이다.

본고에서는 역시 《연세한국어사전》(2002)에서 설정하고 있는 부사격 조사로 쓰인 '에서'의 의미 ①장소, ②출발점·기준점, ③비교의 기준 세 가지를 기준으로 고찰해 보겠다.

---

34) 원문에서는 다시 두 가지 용법으로 나누고 있다. ①('~에서 ~까지'의 꼴로 쓰이어) 출발 또는 시작 지점, 범위와 도착 또는 마지막 지점, 범위를 모두 나타냄. ②('~에서 ~로'의 꼴로 쓰이어)어떤 행위나 사건의 기점과 지향점을 나타냄(《연세한국어사전》 2000: 1289).

3.3.1. 장소

(62) a. 여름에는 해변<u>에서</u> 쉬는 게 소원이다.
　　　夏天<u>在</u>海边休息是我的愿望。
　　b. 어제 집<u>에서</u> 텔레비전을 보았어요.
　　　昨天<u>在</u>家看电视了。
　　c. 우리는 항상 집<u>에서</u> 기도를 드린다.
　　　我们经常<u>在</u>家祈祷。
　　d. 나는 태어나서부터 지금까지 서울<u>에서</u> 산다.
　　　我从出生到现在一直住<u>在</u>首尔。
　　e. 12시에 학교 앞<u>에서</u> 만나요.
　　　十二点<u>在</u>学校前面见。
　　f. 농부들이 밭<u>에서</u> 일하고 있다.
　　　农夫们<u>在</u>地里劳作。
　　g. 가게 앞<u>에서</u> 사람들이 싸우고 있다.
　　　有人<u>在</u>商店前面打架。
　　h. 그는 운동장<u>에서</u> 공을 차고 있다.
　　　他<u>在</u>运动场踢球。
　　i. 아침 식사는 어디<u>에서</u> 먹습니까?
　　　早餐<u>在</u>哪儿吃?
　　j. 시장<u>에서</u> 바지를 샀습니다.
　　　<u>在</u>市场买了裤子。
　　k. 길<u>에서</u> 친구를 만났어요.
　　　<u>在</u>路上遇见了朋友。

(62)는 구체적인 장소를 나타낸다. 어떤 행동이나 상태가 일어나고 있는 장소를 나타내는 말에 붙어 '~을 그 장소/공간/범위/영역으로 삼아'의 뜻을 나타낸다. 이 때는 조사 '에'와 바꿔 쓸 수 없다.[35)]

---

35) 이희자·이종희 (2001: 692): '에'와 '에서'의 비교: '에'는 동작이나 상태가 나타나는 지점을 가리키는 데 반해, '에서'는 동작이 벌어지는 자리를 나타낸다. '에'는 위치 부사어, '에서'는 처소 부사어라고 하기도 한다.

(63) a. 이로써 정부와 여당은 국회에서 확실하게 안정 세력을 확보하게 되었다.

由此政府和执政党在国会真正确保了自己的势力。

b. 현실에서 가게 하나 여는 데는 많은 돈이 필요하다.

在现实中，开一家商店是需要很多资金投入的。

(63)은 어떤 사실의 공간적인 배경이 됨을 나타낸다.

(64) a. 어젯밤 꿈 속에서 할머니를 보았습니다.

昨晚在梦中见到了奶奶。

b. 불안이 가슴속에서 확산되고 있었다.

不安在心中扩散。

c. 저희 회사 상품은 치열한 시장 경쟁 속에서 고객들이 즐겨 구입하는 상품이 되었다.

我们公司的产品在激烈的市场竞争中，成为了很受顾客欢迎的商品。

d. 그는 힘들여 스스로 공부하여 세계의 수학계에서 명성이 높은 수학자가 되었다.

他刻苦自学，成为了在世界数学界享有盛誉的数学家。

(64)는 추상적 장소나 공간을 나타낸다.

(65) a. 숨 막힐 듯한 분위기에서 회의는 몇 시간째 계속되었다.

在近乎窒息的气氛中，会议持续了几个小时。

b. 지금 내 처지에서 노트북까지야 바랄 수는 없지만…

在我现在的处境下，虽然不能奢望笔记本电脑……

c. 저희는 인도주의적 차원에서 환자들을 대해야 한다.

我们要在人道主义的立场上对待患者。

(65)는 어떠한 상태에 있음을 나타낸다.

(66) a. 그는 증권에서 재미를 보았다.

他在证券中感受到了乐趣。

b. 그는 이 장사에서 한 밑천을 건졌다.

他在这次买卖中捞回了本钱。

c. 우리는 며칠 전 대통령의 미국 방문에서 확실히 보았습니다.

我们在几天前总统的访美中确实看到了。

d. 유학 생활에서 느낀 점에 대해 이야기해 봅시다.

说说在留学生活中感受到的东西。

(66)은 활동 영역을 나타내는 말에 붙어 '어떤 일을 하는 데에서'의 뜻을 나타낸다.

(67) a. 우리 반에서 내가 제일 크다.

在我们班我个子最高。

b. 그랜드캐년이 세계에서 제일 아름답다면서요?

听说大峡谷在世界上是最漂亮的?

c. 이 세상에서 나는 엄마를 가장 사랑한다.

在这个世界上我最爱妈妈。

d. 용서해 달라고 빌 때 그는 세계에서 가장 비겁한 사람이라고 느껴졌다.

在他祈求原谅的时候, 我觉得在这个世界上他是最胆怯的人。

(67)은 행동이나 상태가 미치는 범위를 나타낸다.

이상 예문들에서 보는 바와 같이 장소를 나타내는 '에서'는 역시 중국어 개사 '在'로 표현된다. 즉, 문장에서 개사와 함께 개사구를 이루어 장소를 나타내는 부사어가 된다. 柳英绿(1999)에서는 '중국어에서 장소를 나타내는 단어는 단독으로 부사어로 거의 쓰이지 않으나 두 사람 사이의 인사말에서는 종종 단독적으로 부사어 구실을 한다.'라고 하였다.36) 예를 들어서,

(68) a. 你来了, 屋里坐。

오셨군요, 방안에 앉으세요.

---

36) 柳英绿(1999: 142): 汉语的处所词语很少单独做状语。汉语处所词语做状语常见于两个人打招呼的语言里。

b. 我们明天北京见。

  내일 북경에서 봅시다.

그리고 柳英绿(1999)에서는 '일반명사와 장소명사를 겸하는 단어 중에서 공간성이 명확한 단어는 직접 개사와 어울려 개사구를 이루며, 공간성이 명확하지 않을 때에는 먼저 방위사(方位詞)와 결합하여 방위구(方位句)를 이룬 후 다시 개사구를 이루어 부사어가 된다.'고 설명하고 있다.[37] 예를 들어서,

(69) a. 我在图书馆看了报纸。

  나는 도서관에서 신문을 보았다.

  b. 他在山上挖药材。

  그 사람은 산에서 약재를 캔다.

이 연구에 따라 인사말에서 쓰이는 경우를 제외하고 장소명사는 반드시 개사와 함께 개사구를 이루어 부사어가 될 수 있다고 말할 수 있다.

3.3.2. 출발점, 기준점

(70) a. 저는 지금 부산에서 오는 길입니다.

  我现在在从釜山来的路上。

  b. 어제 북경에서 출발했다.

  昨天从北京出发了。

  c. 어느 나라에서 오셨어요?

  从哪个国家来的?

  d. 학교에서 몇 시에 집에 갑니까?

  几点从学校回家?

---

37) 柳英绿(1999: 142~143): 某些既是一般名词又是处所名词的汉语兼类词, 其空间性比较明确时直接跟介词组成介宾短语来充当状语, 空间性不明确时, 先跟方位词组成方位短语, 然后再组成介宾短语来充当状语。

e. 골짜기에서 흘러내린 물은 이 곳에 모이게 된다.

　　从峡谷流下的水被聚集在这个地方。

f. 이것은 옥상에서 떨어뜨려도 절대로 깨지지 않는 강화 유리다.

　　这是从屋顶上掉下来也绝不会被摔碎的钢化玻璃。

g. 세시에서 다섯 시까지

　　从(自)三点到五点

(70)은 어떤 행위나 시간의 출발점을 나타내는 말에 붙어 '~로부터', '~를 출발/시작 지점으로 하여'의 뜻을 나타낸다. (70)a~(70)d는 행위가 시작되는 지점을 나타내고, (70)e~(70)f는 어떠한 움직임이 시작된 출발 지점을 나타내며, (70)g는 시간의 출발점을 나타낸다.[38]

(71) a. 약한 어린이는 병원에서 병을 옮아 올 수도 있다.

　　身体不好的小孩子可能会从医院感染上疾病。

b. 오후로 접어들자 하늘에서 희끗희끗 눈발이 비쳤다.

　　刚到下午就从天上掉下了零星雪花。

c. 풍토병은 흙과 먹는 물에서 온다.

　　地方病是从泥土和饮用水中患得的。

d. 핸드백에서 흰 봉투를 꺼냈다.

　　从手袋里拿出白封信。

(71)은 행동이 비롯되는 데를 나타내는 말에 붙어서 '~로부터', '~를 출발 지점, 시작 지점 또는 출처로 하여'의 뜻을 나타낸다. (71)a~(71)b는 구체적인 장소로부터 비롯됨을 나타내고, (71)c~(71)d는 구체적인 사물로부터 비롯됨을 나타낸다.

(72) a. 그는 병에서 일어났다.

　　他从病中痊愈了。

---

38) '自'와 '从'의 차이는 주로 문체적인 차이를 보인다. 즉, '自'는 단지 문어로 쓰이는데 '从'은 이러한 제한이 없이 문어와 구어로 모두 쓰일 수 있다.

b. 그는 파산에서 재기하였다.

他从破产中再次崛起。

c. 그는 이제 고생에서 벗어났다.

他现在从苦难中解脱了出来。

d. 절망속에서 희망을 찾았다.

从绝望中找到了希望。

e. 경제적 불평등에서 기인하는 계급적 갈등

从经济不平等现象中引出的阶级矛盾

(72)는 추상적인 공간, 상태, 상황을 나타낸다.

(73) a. 김 교수의 강의에서 많은 지식을 얻었다.

从金教授的授课中得到了很多知识。

b. 이 책에서 얻은 교훈이 뭐니?

从这本书中得到的教训是什么?

c. 그의 말에서 이 사실을 알았다.

从他的话里知道了这个真相。

d. 그 말은 이 고사에서 유래하였다.

那句话是出自这个故事。

e. 그 전설에서 이런 풍습이 생겼다.

这样的风俗出自那个传说。

(73)은 책이나 말이나 사실 등을 나타내는 말에 붙어, '~로부터', '~를 출처로 하여'의 뜻을 나타낸다. (73)a~(73)c는 출처나 출전을 나타내고 중국어 개사 '从'으로 표현한다. (73)d~(73)e는 어떤 사실의 유래를 나타내고 중국어에서는 개사 '自'로 표현한다. 개사 '自'는 '어떤 사실의 유래'를 나타낼 때 '동사+自+명사/명사구'의 형식으로 표현한다.

(74) a. 혁명을 위하여 더 많이 이바지하겠다는 생각에서 이 일을 벌려놓았던 것이다.

开展这项工作是为革命多做贡献。

b. 나는 학생들의 학습을 도와주어야 하겠다는 마음<u>에서</u> 기숙사로 갔다.
   我是<u>为</u>帮助同学们的学习，才到宿舍去的。

c. 고마운 마음<u>에서</u> 선물을 준비했으니 거절하지 말아 주세요.
   <u>为</u>表示感谢而准备的礼物，请不要拒绝。

d. 너에게 조금이나마 도움이 되고자 하는 뜻<u>에서</u> 한 마디만 하겠다.
   <u>为</u>多少能给你些帮助，我只说一句话。

(74)는 어떤 일의 근거나 동기를 나타내는 말에 붙어, '~가 동기가 되어'의 뜻을 나타내고 목적을 나타낸다. 이 때의 '에서'는 중국어 개사 '为(wèi)'로 표현된다. '为'는 자격, 신분과 목적을 나타낼 수 있는 개사이다. 하지만 자격, 신분을 나타낼 때 'wéi'처럼 2성으로 발음하고 (74)와 같이 목적을 나타낼 때 'wèi'처럼 4성으로 발음한다.

3.3.3. 비교의 기준

(75) a. 여기<u>에서</u> 더 나빠질 수는 없겠지.
        不会有<u>比</u>这里更糟糕的了。

   b. 이<u>에서</u> 더 큰 사랑이 없다.
        没有<u>比</u>这宽大的爱了。

   c. 지금 성적<u>에서</u> 더 떨어지지 않도록 열심히 공부해야 한다.
        为了不要<u>比</u>现在的成绩更差，应该努力学习了。

   d. 이 상황<u>에서</u> 어떻게 더 좋아질 수가 있겠어요?
        怎样做才能<u>比</u>现在这个状况更好一些呢?

(75)는 비교의 기준이 되는 점을 나타내는 말에 붙어 '~에', '~보다', '~에 비하여'의 뜻을 나타낸다. 이 때의 '에서'는 비교를 나타내는 중국어 개사 '比'로 표현된다.

3.4. '에게'에 대응하는 중국어 표현

조사 '에게'의 의미에 대한 각 논자들의 견해를 아래 [표 11]과 같이 정리해 보았다.

[표 11] 조사 '에게'의 의미 기능

	표준국어 대사전 (1999)	연세한국어 사전 (2002)		(외국인을 위한) 한국어 학습 사전 (2006)	(한국어 학습용) 어미·조사 사전 (2001)	이희자·이종희 (1998)	
1	범위, 소속, 위치		위치, 소재지		위치		위치
2	대상39)	부 사 격 조 사	대상40)	대상41)	대상42)	부 사 격 조 사	대상43)
3			주체44)	주체45)	주체46)		주체47)
4			주어에 행위를 가하는 자	주어에게 행위를 하는 사람	주어에 행위를 가하는 자		주어에 행위를 가하는 자
5			기준	기준, 비교의 대상	기준		기준, 비교의 대상
6			편지와 같은 글에서 받는 대상을 나타냄	편지와 같은 글에서 받는 대상을 나타냄	편지와 같은 글에서 받는 대상을 나타냄		편지와 같은 글에서 받는 대상을 나타냄
7			관용표현에 쓰임				관용표현에 쓰임

---

39) 원문에서 '대상'을 다시 일곱 가지로 나누어 있다. ①어떤 움직임을 일으키게 하는 대상, ②어떤 움직임이나 작용이 미치는 대상, ③목표나 목적 대상, ④기준 되는 대상이나 단위, ⑤비교의 대상, ⑥수단, 방법 따위의 대상, ⑦지정하여 말하고자 하는 대상(《표준국어대사전》 1999: 4278).

40) 원문에서 다시 다섯 가지로 나누어 있다. ①행위자의 행위를 받는 대상, ②무엇을 가지고 있는 대상, ③어떠한 행위를 하도록 시킴을 받는 대상, ④어떠한 느낌을 가지게 하는 대상, ⑤비교의 대상(《연세한국어사전》 2002: 1286).

41) 원문에서 다시 네 가지로 나누어 있다. ①주어의 행위를 받는 대상, ②무엇을 가지고 있는 대상, ③어떠한 느낌을 가지게 하는 대상, ④어떠한 행위를 하도록 시킴을 받는 대상(《(외국인을 위한)한국어 학습 사전》 2006: 517).

42) 원문에서 다시 네 가지로 나누어 있다. ①행위자의 행위를 받는 대상, ②어떠한 행위를 하도록 시킴을 받는 대상, ③어떠한 느낌을 가지게 하는 대상, ④비교의 대상(《(한국어 학습용)어미·조사 사전》 2001: 693~694).

조사 '에게'의 의미에 대해서《연세한국어사전》(2002),《(외국인을 위한)한국어 학습 사전》(2006),《(한국어 학습용)어미·조사 사전》(2001), 이희자·이종희(1998)에서는 비슷하게 제시하고 있다.《(외국인을 위한)한국어 학습 사전》(2006)에서 나타나지 않고 있는 '위치'는 제시된 예문들을 통해서 볼 때 이 사전에서 '대상'을 세분한 '무엇을 가지고 있는 대상'에 포함될 수 있다.《연세한국어사전》(2002),《(외국인을 위한)한국어 학습 사전》(2006),《(한국어 학습용)어미·조사 사전》(2001), 이희자·이종희(1998)에서 말하고 있는 '주체', '기준'은 전부《표준국어대사전》(1999)의 '대상'을 세분한 것 중에 포함될 수 있다.

따라서《연세한국어사전》(2002)의 기준으로 조사 '에게'에 대한 의미가 ①위치·소재지, ②대상, ③주체, ④기준, ⑤주어에 행위를 가하는 자 다섯 가지의 내용으로 정리하였다.

3.4.1. 위치, 소재지

(76) a. 남편에게 문제가 생겨 변호사를 찾아갔다.
　　　在丈夫那里出现点问题, 所以去找了律师。
　　b. 위장병은 스님들에게 많은 병이다.
　　　胃肠病在僧人们身上是多发病。

---

43) 원문에서 다시 다섯 가지로 나누어 있다. ①행위자의 행위를 받는 대상, ②무엇을 가지고 있는 대상, ③어떠한 행위를 하도록 시킴을 받는 대상, ④어떠한 느낌을 가지게 하는 대상, ⑤비교의 대상(이희자·이종희 1998: 179~182).
44) 원문에서 다시 두 가지로 나누어 있다. ①피동문에서 행위의 주체, ②어떠한 느낌이나 상태를 느끼는 주체(《연세한국어사전》 2002: 1286).
45) 원문에서 다시 두 가지로 나누어 있다. ①행위의 주체, ②어떠한 느낌, 상태를 느끼는 주체(《(외국인을 위한)한국어 학습 사전》 2006: 517).
46) 원문에서 다시 두 가지로 나누어 있다. ①피동문에서 행위의 주체, ②어떠한 느낌이나 상태를 느끼는 주체(《(한국어 학습용)어미·조사 사전》 2001: 693~694).
47) 원문에서 다시 두 가지로 나누어 있다. ①피동문에서 행위의 주체, ②어떠한 느낌이나 상태를 느끼는 주체(이희자·이종희 1998: 180~181).

c. 문제는 늘 여린 사람에게 있다.
　　问题常发生在耳根软的人身上。

(76)은 '있다, 남다'류로 표현되는 서술어와 함께 쓰이며 어떠한 상태가 일어나는 고정된 위치/소재지를 나타내는 말에 붙어 '사이에, 안에'의 뜻을 나타낸다. 이 때의 '에게'는 역시 장소와 위치를 나타내는 중국어 개사 '在'로 표현된다.

3.4.2. 대상

(77) a. 책을 동생에게 주었다.
　　把书给了弟弟。
b. 영희는 언니에게 선물을 주었다.
　　英姬给了姐姐礼物。
c. 영민이가 수진에게 전화를 했습니다.
　　英敏给秀珍打电话了。
d. 마당에서 어머님은 학생들에게 노래를 가르치고 있습니다.
　　院子里妈妈在给学生们教唱歌。(院子里妈妈在教学生们唱歌。)
e. 김 선생님이 저에게 한국말을 가르칩니다.
　　金老师教给我韩国语。(金老师教我韩国语。)
f. 민호가 수진에게 공을 던집니다.
　　民浩把球扔给秀珍。
g. 이 일은 다른 사람에게 맡기는 것이 좋겠어요.
　　把这项工作交给别人好一些。

(77)은 '주다, 가르치다, 맡기다, 가다, 보이다'류로 표현되는 서술어와 함께 쓰이어 행위자의 행위를 받는 대상을 나타내는 말에 붙어 '~를 상대로 하여'의 뜻을 나타낸다. 앞 내용에서 언급한 이화영(1998)의 논의에 따르면 (77)의 a~b는 그 논의 중의 ②번에 해당하고 이 때의 '给'은 동사이다. 즉, 이중목적어를 갖는 동사술어로 쓰여 '~에게 ~을 주다'로 해석된다. (77) c~(77)g의 '给'은 모두 개사인데 쓰임이

다르다. (77)c~(77)d는 그 논의의 ④번에 해당한다. 즉, '给+명사'의 개사구는 부사어로 쓰여 '~에게'로 해석된다. (77)e~(77)f는 ⑤번에 해당하고 '~에게 ~해 주다'로 해석된다.

(78) a. 그런 시대에 우리에게 무슨 희망이 있었습니까?
  在那样的时代，我们能有什么希望?
 b. 불혹의 나이를 넘긴 사람에게 무슨 설레임과 두근거림이 있을까?
  过了不惑之年的人，会有什么激动感?
 c. 저에게 여동생이 한 명 있습니다.
  我有一个妹妹。

(78)은 '있다, 없다'류로 표현되는 서술어와 함께 쓰이어 무엇을 가지고 있는 대상을 나타내는 말에 붙어 '~가 가진 것으로'의 뜻을 나타낸다. 이 때의 '에게'에 대응하는 중국어 표현이 없고 직접 '주어+동사+명사'의 형식으로 '누가 무엇을 가지다'의 의미를 나타낸다.

(79) a. 선생님이 학생들에게 책을 읽히신다.
  老师让学生们读书。
 b. 아이에게 콜라를 마시지 못하게 했다.
  没让孩子喝可乐。
 c. 어머니가 아이에게 우유를 먹이신다.
  妈妈给孩子喂奶。
 d. 어머니는 어린 동생에게 옷을 입히셨다.
  妈妈给小弟弟穿衣服。

(79)는 '읽히다, 입히다, -게 하다' 등의 사동 표현에 쓰이어 어떠한 행위를 하도록 시킴을 받는 대상을 나타내는 말에 붙어 '~로 하여금', '~가 (~하도록)'의 뜻을 나타낸다. 중국어에서는 '让+사람+동사'라는 형식을 취하여 '누구에게 무엇을 하게 한다'는 사동의미를 나타낸다. 중국어에서 가장 대표적인 사동문으로 꼽히는 것은 '让' 등을 사용하는 겸어문(兼語文)이다. 이러한 구문들은 대부분 사동자가 피동자에게

어떤 동작이나 행위를 하라고 지시하거나 명령하는 내용의 것들이다.
(79)a~(79)b는 이에 해당한다. (79)c~(79)d의 경우는 '喂(먹이다)'와 '穿
(입히다)'의 대상을 나타내는 문장에서는 역시 수혜자(受惠者)인 대상
을 나타내는 개사 '给'로 표현한다.

> (80) a. 나는 차츰 외국 사람에게 흥미를 느낀다.
>   我渐渐对外国人产生了兴趣。
>   b. 이번 일로 그에게 너무 미안했다.
>   因为这件事, 对他我感到非常抱歉。
>   c. 나도 이제 너에게 정말 실망했다.
>   我现在也对你感到很失望。
>   d. 나는 모든 일에 열정적인 그에게 점점 호기심을 느끼기 시작했다.
>   对热衷于任何事情的他, 我渐渐感到好奇。

　　(80)은 '느끼다, 실망하다'류로 표현되는 서술어와 함께 쓰이어
어떠한 느낌을 가지게 하는 대상을 나타내는 말에 붙어 '~에 대하여'의
뜻을 나타낸다. 이 때의 '에게'는 일반 대상을 나타내는 중국어 개사
'对'로 표현한다. 이와 같은 의미를 가지는 개사는 '对于'도 있다. 하지
만 구체적인 사람을 나타내는 명사나 대명사가 대상으로 쓰일 때
'对'를 사용하고 '对于'를 사용하지 않는다.48) 따라서 (80)의 '에게'는
단지 개사 '对'에 대응할 수 있다.

> (81) a. 집에만 있으면 남에게 뒤떨어져요.
>   只呆在家里就会落后于别人。
>   b. 공부는 남에게 뒤지지 않아요.
>   学习不落后于其他人。
>   c. 너에게 비하면 형편없어.
>   和(与)你相比, 我差的太多了。
>   d. 저 사람에게 비하면 나는 행복한 편이다.
>   和(与)那个人相比我是幸福的。

---

48) 侯学超(2004: 174): '对/对于'的宾语指具体某人某类人时, 往往用'对'而不用'对于'。

(81)은 '비하다, 뒤지다'류로 표현되는 서술어와 함께 쓰이어 비교의 대상을 나타내는 말에 붙어 '~과 비교하면, ~과'의 뜻을 나타낸다. 중국어에서는 비교의 대상을 나타낼 때 항상 '和', '与'가 쓰인다. '和'는 구어와 문어에서 모두 쓰일 수 있는데 '与'는 문어에서만 쓰일 수 있다. 하지만 동사 '落后(뒤지다)'가 있으면 항상 '于'가 쓰이어 '落后+于+사람/사물'이 형식으로 표현한다.

3.4.3. 주체

(82) a. 그 사람은 호랑이에게 물렸다.
　　　　那个人被老虎咬了。
　　b. 너에게 잡힌 물고기가 어디 있어?
　　　　被你抓到的鱼在哪儿呢?
　　c. 그는 다행히도 지나가는 사람에게 발견되었다.
　　　　很幸运, 他被路过的人发现了。
　　d. 범인은 경찰관 두 명에게 잡혔다.
　　　　罪犯被两名警察抓住了。
　　e. 이 비밀은 마침내 그에게 들켰다.
　　　　这个秘密终于被他发现了。
　　f. 적의 비행기는 우리 군대에게 격추되었다.
　　　　敌机被我军击落了。

(82)는 '밟히다, 쫓기다'류로 표현되는 서술어와 함께 쓰이어 피동문에서 행위의 주체를 나타내는 말에 붙어 '~에 의해'의 뜻을 나타낸다. (82)의 주어는 모두 행위를 받는 대상 즉 피동자이고 '에게'와 결합한 명사나 대명사가 모두 주어가 받는 동작을 하는 동작자이다. 이 때의 '에게'는 중국어로 대체하면 피동문의 대표적인 표지인 '被'에 대응할 수 있다.

(83) a. 지금 우리에게 필요한 것은 돈이다.

现在对我们来说, 需要的是钱。

b. 이제부터는 나에게 중요한 것이 무엇인지를 생각해 봐야겠다.

从现在起, 应该想一想对我来说最重要的是什么。

c. 사람에게 고통과 고독이란 무엇인가.

对人来说, 痛苦和孤独到底是什么。

d. 종이 비행기를 만드는 것이 어린이들에게 정말 어려운 일이다.

对小孩子们来说, 制作纸飞机真的是很难的事情。

e. 7년간의 외국 생활이란 것이 나약한 여성에게 쉬운 것이었을 리 없다.

七年的国外生活, 对一名柔弱的女子来说并不容易。

(83)은 '쉽다, 새롭다, 필요하다'류로 표현되는 서술어와 함께 쓰이어 어떠한 느낌이나 상태를 느끼는 주체를 나타내는 말에 붙어 '~가 느끼기에'의 뜻을 나타낸다. 이 때의 '에게'는 중국어 관용구 '对……来说(~를 놓고 말하면)'로 표현된다.

3.4.4. 기준

(84) a. 자기에게 맞는 일을 선택해야 한다.

应该选择适合自己的事情。

b. 이 사전이 학생들에게 알맞을 거예요.

这个词典应该会适合学生。

c. 한복이 저에게 어울릴까요?

韩服会适合我吗?

d. 나에게 어울리는 직업은 어떤 것이 있을까?

什么是适合我的职业呢?

(84)는 '맞다, 알맞다, 어울리다'류로 표현되는 서술어와 함께 쓰이어 어떠한 기준임을 나타내는 말에 붙어 '~과/~를 기준으로 할 때'의 뜻을 나타낸다. 이 때의 '에게'에 대응하는 중국어 표현이 없고 '适合(맞다, 어울리다)+自己(자기)'처럼 '동사+명사(기준임을 나타내는 명사)'

의 형식으로 표현된다.

3.4.5. 주어에 행위를 가하는 자

(85) a. 나는 친구<u>에게</u> 이 책을 빌렸다.
　　　 我<u>从</u>朋友那儿借了这本书。
　　 b. 나는 김 선생님<u>에게</u> 한국어 책 한 권을 받았다.
　　　 我<u>从</u>金老师那儿收到了一本韩国语书。
　　 c. 오늘 생일이라 친구들<u>에게</u> 선물을 많이 받았어요.
　　　 今天是我的生日，所以<u>从</u>朋友那儿收到了很多礼物。
　　 d. 친구들<u>에게</u> 간단한 문안 편지만 받아도 반갑다.
　　　 即使是<u>从</u>朋友那儿收到简单的问候信也很高兴。
　　 e. 나는 매달 어머니<u>에게</u> 용돈을 얻는다.
　　　 我每个月<u>从</u>妈妈那儿拿到零用钱。
　　 f. 너 이 스케이트 누구<u>에게</u> 얻은 거니?
　　　 这个冰鞋是<u>从</u>谁那儿得来的?

(85)는 '받다, 얻다'류로 표현되는 서술어와 함께 쓰이어 주어에 행위를 가하는 자를 나타내는 말에 붙어 '~로부터'의 뜻을 나타낸다. 이 경우 '서'가 붙어 쓰일 수 있다. 이 때의 '에게'는 중국어 '~로부터'를 나타내는 개사 '从'으로 표현된다. '从+명사'의 형식으로 어떤 사물의 근원, 출처를 나타낸다.

3.5. '와/과'에 대응하는 중국어 표현

'와/과'는 부사격 조사로서 '공동격 조사'라고 부르기도 한다. 이는 이른바 交互性을 가지는 對稱動詞들[49] 앞에 쓰여 두 명사가 짝을 이루

---

49) 짝과 함께라야 성립되는 행위의 동사(및 형용사)를 交互性 對稱動詞(또는 對稱形容詞)라 한다(이익섭·채완 2003: 189).

어 '서로' 또는 '함께' 어떠함을 나타내 주는 구실을 한다.[50]

(86) a. 철수는 동생과 사이좋게 지냈다.
　　 b. 나는 이 행복을 千金과도 바꾸지 않겠다.
　　 c. 씀바귀는 민들레와 비슷하다.

'와/과'는 이와 달리 순수히 두 명사를 접속시켜 주는 일에도 널리 쓰인다.

(87) a. 창호와 영수는 모범생들이다.
　　 b. 나는 고등학교 때 국어와 생물을 좋아하였다.
　　 c. 이 가수는 한국과 일본에서 인기가 높다.

(87)의 경우에서는 서로 짝이 되고 힘을 모아 함께 어쩌고 어떻다는 것이 아니라 두 명사 각각이 그런 것이 한 자리에 모인 결과로 '앞뒤의 명사 모두'라는 의미를 나타내어 완연한 차이를 보인다.

그리고 특수조사와의 결합이나 어순의 자유로움에서도 이들은 뚜렷한 차이를 보인다. 즉 접속 기능의 '와/과'는 그 다음에 '은/는'이나 '도, 만' 등의 특수조사를 결합할 수 없고, 또 '명사+와'를 그 뒤의 명사 다음으로 옮겨 어순을 바꿀 수도 없는데 (86)의 '와/과'는 그렇지 않은 것이다.

(88) a. * 나는 국어와도(국어와는) 생물을 좋아하였다.
　　 b. * 나는 생물을 국어와 좋아하였다.

(89) a. 누구나 영호와는(영호와만) 사이좋게 지낸다.
　　 b. 영호와는 누구나 사이좋게 지낸다.

그리고 접속 기능일 때는 단순한 병렬이어서 두 명사 중 하나를,

---

50) 이 내용은 이익섭·채완(2003: 188~192)의 견해를 토대로 정리함.

즉 '명사1+와'나 '와+명사2' 중 하나를 떼어 내어도 그 나머지로써 훌륭한 문장이 되는 데 반해, (86)에서는 두 명사가 협동을 해야 하는 관계이므로 '와/과'를 동반한 명사구를 빼어 버리면 불완전한 문장이 되고 만다.

(90) a. 나는 생물을 좋아하였다. / 나는 국어를 좋아하였다.
    b. 영수는 모범생이다. / 창호는 모범생이다.

(91) a. ?철수는 사이좋게 지냈다.
    b. ?나는 이 행복을 바꾸지 않겠다.
    c. ?씀바귀는 비슷하다.

이상에서 본 몇 가지 차이에 근거하여 접속기능의 '와/과'는 흔히 공동격조사와 구별하여 접속격조사(또는 접속조사)라 부른다.[51]

아래 [표 12]는 조사 '와/과'에 대한 각 논자들의 견해를 정리 비교한 표이다. [표 12]에서 제시하듯이 《(외국인을 위한)한국어 학습 사전》 (2006) 이외의 논자들은 조사 '와/과'에 대해서 모두 격조사나 부사격조사 이외 접속조사도 같이 제시하고 있다. 《표준국어대사전》(1999)에서만 설정하고 있는 '일 따위를 함께 함'은 《(외국인을 위한)한국어 학습 사전》(2006), 《(한국어 학습용)어미·조사 사전》(2001)의 '대상'을 세분한 '어떤 행위(행동)를 함께 하는 대상' 중에 포함될 수 있다. 《연세한국어사전》(2002)과 이희자·이종희(1998)에서 제시하고 있는 '기준이 됨'은 《표준국어대사전》(1999)과 《(한국어 학습용)어미·조사 사전》(2001)의 '대상'을 세분한 '기준으로 삼는 대상'에 포함될 수 있다.

《연세한국어사전》(2002)의 내용을 기준으로 부사격 조사 '와/과'의 의미를 ①대상, ②기준 두 가지로 정리하였다.[52]

---

51) 예문 (86)~(91)은 이익섭·채완(2003: 188~192)에서 인용해 왔다.
52) 국립국어원(2010: 588): '와'와 같은 기능을 하는 조사로 '하고'와 '이랑'이 있다.

[표 12] 조사 '와/과'의 의미 기능

	표준국어 대사전 (1999)		연세한국어 사전 (2002)	(외국인을 위한) 한국어 학습 사전 (2006)	(한국어 학습용) 어미·조사 사전 (2001)		이희자·이종희 (1998)	
1	격 조 사	대상53)	부 사 격 조 사	대상54)	대상55)	부 사 격 조 사	대상56)	부 사 격 조 사	대상57)
2		일 따위를 함께 함		기준이 됨					기준이 됨
3									
4					여러 개의 사물을 이어서 말할 때 쓰임				
5	접속조사		접속조사			접속조사		접속조사	
6								관용표현에 쓰임	

3.5.1. 대상

(92) a. 친구들과 다투면 안 돼.

不能和(与)朋友们打架。

b. 너도 친구들과 싸운 적이 있어?

你也和(与)朋友们打过架吗?

c. 나는 언니와 놀았다.

我和(与)姐姐一起玩儿了。

'하고'와 '이랑'이 말할 때 주로 쓰이는 반면, '와'는 말할 때나 글을 쓸 때 모두 쓰인다.

53) 원문에서 다시 두 가지로 나누어 있다. ①다른 것과 비교하거나 기준으로 삼는 대상, ②상대로 하는 대상(《표준국어대사전》 1999: 548).

54) 원문에서 다시 세 가지로 나누어 있다. ①비교의 대상, ②서로 대칭이 되는 대상, ③어떠한 관계에 있는 대상(《연세한국어사전》 2002: 165~166).

55) 원문에서 다시 네 가지로 나누어 있다. ①비교를 하는 대상, ②어떤 행위를 함께 하는 대상, ③대상('누구를 상대로 해서'의 뜻), ④어떠한 관계에 있는 대상(《(외국인을 위한)한국어 학습 사전》 2006: 55~56).

56) 원문에서 다시 다섯 가지로 나누어 있다. ①비교의 대상, ②기준으로 삼는 대상, ③어떤 행동을 함께 하는 대상, ④상대로 하는 대상, ⑤어떠한 관계에 있는 대상(《(한국어 학습용)어미·조사 사전》 2001: 68~69).

57) 원문에서 다시 세 가지로 나누어 있다. ①비교의 대상, ②서로 대칭이 되는 대상, ③어떠한 관계에 있는 대상(이희자·이종희 1998: 13~14).

d. 그녀와 처음 만났던 것은 이 바다에서였다.

　和(与)她的第一次见面是在这个海边。

e. 나는 약속했던 친구들과 만나기 위해 먼저 자리에서 일어섰다.

　我要和(与)约好的朋友见面，所以先走了。

f. 나는 중학교 동창생과 결혼했다.

　我和(与)中学同学结婚了。

g. 영수 씨, 그 사람과 언제부터 사귀었어요?

　英洙，什么时候开始和(与)那个人交往的?

(92)는 '사귀다, 만나다, 싸우다'류로 표현되는 서술어와 함께 쓰이어 서로 대칭이 되는 대상임을 나타내는 말에 붙어 '~하고 서로', '~를 상대로 삼아'의 뜻을 나타낸다. '서로'와 함께 나타날 수 있다. 이 때의 '와/과'는 '를/을'이나 '에'와 교체되는 경우가 많은데, 이 경우 그 의미상의 차이는 후자의 경우는 '일방성(一方性)'의 의미를 가지는 반면, 전자는 '상호성(相互性)'의 의미를 가진다.

(93) a. 이 섬들은 휴전선과 가깝다.

　这些岛和(与)休战线很近。

b. 그는 나와 나이가 같다.

　他和(与)我年纪相同。

c. 나는 김 선생님과 선후배 사이다.

　我和(与)金老师是前后辈关系。

d. 이 사람은 내 동생과 제일 친한 친구다.

　这个人是和(与)我弟弟关系最好的朋友。

e. 나와 가까운 사람들만 몇 초대하자.

　只请几个和(与)我关系近的人吧。

(93)은 '가깝다, 밀접하다, 친하다'류로 표현되는 서술어와 함께 쓰이어 어떠한 관계에 있는 대상임을 나타내는 말에 붙어 '~하고 서로'의 뜻을 나타내며 '서로'와 함께 나타날 수 있다.

(94) a. 인간의 일생은 마라톤 경기와 같다.

人的一生就和(与)马拉松比赛一样。

b. 그와 비슷한 예는 또 있다.

和(与)他相似的例子还有。

c. 옛날의 한강 모습은 오늘날과 매우 다르다.

过去汉江的样子和(与)现在很不一样。

d. 분홍 치마는 진달래꽃과 같은 빛깔이다.

粉红色的裙子和(与)杜鹃花颜色一样。

e. 나는 너와 달라.

我和(与)你不同。

f. 동생은 형과 많이 닮았어요.

弟弟和(与)哥哥长得很像。

g. 새로운 체제가 기존의 것과 어떻게 다른가?

新的体制和(与)原来的有什么不同?

(94)는 '같다, 다르다, 비슷하다, 비교하다'류로 표현되는 서술어와 함께 쓰이어 비교의 대상을 나타내는 말에 붙어 '~하고 서로', '~에 비할 때 서로'의 뜻을 나타낸다. '서로'와 함께 나타날 수 있다. 대상을 나타내는 '와/과'는 역시 중국어 개사 '和(与)'로 표현하는 데 무리가 없어 보인다.

3.5.2. 기준

(95) a. 신맛은 단맛과 잘 어울린다.

酸味儿和(与)甜味儿很搭配。

b. 너와 어울리는 색을 골라 봐.

选一下和(与)你适合的颜色。

c. 넥타이 색이 양복과 잘 어울린다.

领带的颜色和(与)西服很配。

d. 저 사람은 나와 잘 맞는다.

那个人和(与)我很合拍。

(95)는 '어울리다, 맞다'류로 표현되는 서술어와 함께 쓰이어 기준이 됨을 나타내는 말에 붙어 '~하고 서로', '~에 비추어 서로'의 뜻을 나타낸다. 이 때의 '와/과'는 역시 중국어 개사 '和(与)'로 표현된다. 앞 내용에서 언급했듯이 '和'는 구어와 문어에서 모두 쓰일 수 있는데 '与'는 문어에서만 쓰일 수 있다.

이상의 대조 과정을 통해서 다음과 같이 몇 가지 대응 현상을 발견하였다.

1. 하나의 한국어 부사격 조사는 여러 가지의 의미기능을 나타내는데 중국어에서는 의미기능에 따라 각기 다르게 표현되는 경우가 있다.
2. 용법에 있어 중국어에서 개사의 용법은 개사 하나만으로도 쓰이지만, 이것이 다른 단어와 어울려 관용적으로 쓰임으로써 문장의 의미를 강화하는 경우가 있다.
3. 많은 경우에 한국어 부사격 조사는 중국어 개사에 대응하는데 다른 품사나 관용구에 대응하는 경우도 있다.

제4장

**한국어 부사격 조사와
중국어 개사 의미기능
대응범주의 대조**

제3장에서 한국어 부사격 조사 '로/으로', '에', '에서', '에게', '와/과'에 대응하는 중국어 표현을 검토하였다. 이 과정에서 대부분의 경우에 한국어 부사격 조사는 중국어 개사에 대응한다는 것을 밝혔다. 여기에서는 제3장에서 논의한 내용을 바탕으로 의미기능별로 한국어 부사격 조사와 중국어 개사의 대응관계를 살펴보고자 한다.

여기에서는 한국어 부사격 조사가 중국어 개사에 대응하는 의미기능 즉, ①방향·지향점, ②재료, ③도구·수단·방법, ④자격·신분·명성, ⑤원인·이유, ⑥시간, ⑦장소·위치, ⑧대상, ⑨기준, ⑩상황, ⑪출발점, ⑫주체, ⑬주어에 행위를 가하는 자의 13가지를 추출해서 알아보고자 한다.

4.1. 방향, 지향점

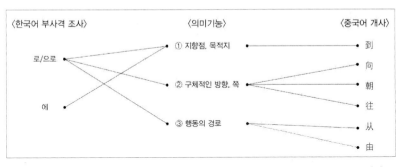

〈그림 1〉 '방향, 지향점'의 의미기능을 담당하는 한국어 부사격 조사와 중국어 개사

(96) a. 학교로 가요.
　　　 到学校去。(去学校。)
　　 b. 내 사물실로 와요.
　　　 到我办公室来。(来我办公室。)
　　 c. 새로운 단계로 나아갑니다.
　　　 进入到新阶段。(进入新阶段。)

    d. 만화를 완전히 버리고 아동문학<u>으로</u> 돌아선 것은 아니다.

       不是完全放弃漫画而转<u>到</u>儿童文学。

(97) a. 학교<u>에</u> 가요.

     <u>到</u>学校去。(去学校。)

    b. 내 사물실<u>에</u> 와요.

     <u>到</u>我办公室来。(来我办公室。)

(98) a. 학교 방향<u>으로</u> 달려갔다.

     <u>向(朝/往)</u>学校方向跑去了。

    b. 그는 의자를 넉넉하게 뒤<u>로</u> 뺐다.

     他把椅子<u>向(朝/往)</u>后移出了足够的空间。

    c. 영수는 대문 쪽<u>으로</u> 걸어갔다.

     英洙<u>向(朝/往)</u>大门方向走去了。

    d. 그는 큰길 쪽<u>으로</u> 꺾어진다.

     他<u>向(朝/往)</u>大路方向拐了。

(99) a. 주인집 대문<u>으로</u> 가자면 내 방을 지나야 한다.

     要<u>从</u>主人家的大门走，就一定要路过我的房间。

    b. 우리는 뒷문<u>으로</u> 갔다.

     我们<u>从</u>后门走了。

    c. 차가 들판<u>으로</u> 지나갔다.

     车<u>从(由)</u>田野经过。

    d. 시위대열은 시청 앞 광장<u>으로</u> 지나갔다.

     示威队伍<u>从(由)</u>市政府前的广场经过。

    (96)과 (97)은 '지향점, 목적지'를 나타내는 예문들이다.[1] (96)의 a~b, (97)은 지명이나 일정한 면적을 가진 지점을 나타내는 말에 붙어 '~을 목적지가 되게 하여'의 뜻을 나타낸다. (96)의 c~d는 추상적 공간을 나타내는 말에 붙어 '~을 추구하여', '~을 지향하여'의 뜻을 나타내는 예문들이다.

---

1) 이 때에 중국어에서는 개사의 형식이 아닌 동사가 목적어를 직접 취하는 '동사+목적어'의 형식으로 표현하기도 한다.

(98)은 구체적으로 '쪽, 방향'을 나타내는 말에 붙어 '~의 쪽으로', '~을 향하여'의 뜻을 나타낸다. 이러한 의미기능을 담당하는 한국어 부사격 조사는 '로/으로'이고, 중국어 개사는 '向', '朝', '往'이다.

(99)는 행동의 경로를 나타낸다. (99)a~(99)b에서 개사 '从'만 사용될 수 있지만 (99)c~(99)d에서는 '从'과 '由'가 모두 쓰일 수 있음을 보여주고 있다.

한국어 부사격 조사 '로/으로'와 '에'는 모두 어떤 장소로의 이동을 나타낼 수 있는데 '에'는 도착단계에 중점이 놓이고 '로/으로'는 출발단계나 경과에 중점이 놓인다. 즉, '에'는 도착점을, '로/으로'는 출발시의 목표점이나 경유지를 나타낸다.[2]

> (100) a. ㄱ) 나는 대구에 도착했다. (도착점)
> ㄴ) * 나는 대구로 도착했다.
> b. ㄱ) 나는 대구로 떠났다. (목표점)
> ㄴ) * 나는 대구에 떠났다.
> c. ㄱ) 나는 저 길로 돌아서 갔다. (경유지)
> ㄴ) * 나는 저 길에 돌아서 갔다.

예문 (100)에서 제시하듯이 a-ㄱ) 와 같이 '도착점'을 나타낼 때 '에'가 쓰이고, b-ㄱ)과 같이 '목표점'을 나타낼 때 '로/으로'가 쓰이며, c-ㄱ)과 같이 '경유지'를 나타낼 때 '로/으로'가 쓰인다.

중국어 개사 '到'는 원래 동사 '到(도착하다)'에서 변해 왔기 때문에 아직 '도착하다'의 의미를 가지고 있다. 그래서 개사로 쓰일 때 주로 '목적지, 도착지'를 나타내고 '向', '朝', '往'과 달리 '방향'을 나타낼 수 없다. 이 때 '到'와 공기하는 동사는 '来, 去, 回, 进'등이 대표적이다.

'向', '朝', '往'은 중국어에서 '방향'을 나타내는 개사들이고 '来, 去, 拐, 走'류로 표현되는 서술어와 함께 쓰인다. 하지만 이동의 방법, 상태의 지속성과 화자의 의지 등에서 차이가 나타난다.[3]

---

2) 《(한국어 학습용) 어미·조사 사전》(2001: 692) 참조.

(101) a. * 话得向回说。

b. * 话得朝回说。

c. 话得往回说。

원점으로 돌려놓고 말해야지.

(98)에서는 개사 '向', '朝', '往'이 모두 사용될 수 있는 데 반해 (101)에서는 '往'은 사용될 수 있지만 '向'과 '朝'는 사용이 불가능함을 보여준다. '向', '朝', '往'은 모두 '정면을 향하여 이동하다'는 의미 기능을 가진 것으로 (98)의 경우에서 모두 사용될 수 있다. 하지만 (101)의 특징은 '왔던 방향으로 되돌아 이동하다'는 것이다. '向', '朝', '往' 중에서 '往'은 이러한 의미기능을 가지기 때문에 (101)와 같은 경우에 '往'은 사용될 수 있지만 '向'과 '朝'는 사용될 수 없다. 여기에서 '往'은 '이동의 성격에 제약을 받지 않고 이동하다'의 의미 기능을 가진다고 결론을 낼 수 있다.

(102) a. 大门向南开。

b. 大门朝南开。

c. * 大门往南开。

대문이 남쪽으로 나 있다.

(102)는 개사 '向', '朝'는 사용될 수 있지만 '往'은 쓰일 수 없음을 보이고 있다. 이는 개사 '向', '朝'은 동사의 동작 실현 이후에 지속되는 정태(靜態)적 상황을 나타낼 수 있지만 개사 '往'은 이러한 의미기능은 없다는 것을 알려준다. 개사 '往'은 이러한 의미기능이 없다는 것은 그 자체가 마지막 지점으로 이동한다는 동작의 속성을 가지고 있기 때문인 것으로 보인다.

---

3) 박덕준(1997), 임지영(2007) 참조.

(103) a. 那个老人<u>向</u>医院去了。

b. 那个老人<u>朝</u>医院去了。

c. 那个老人<u>往</u>医院去了。

그 노인은 병원을 향해 갔다.

d. 那个老人<u>到</u>医院去了。

그 노인은 병원에 갔다.

(104) a. 那只断了线的风筝直<u>向</u>下掉。

b. * 那只断了线的风筝直<u>朝</u>下掉。

c. 那只断了线的风筝直<u>往</u>下掉。

줄이 끊어진 그 연이 계속 밑으로 떨어진다.

(103)은 '向', '朝', '往'이 모두 사용될 수 있지만 (104)에서는 '朝'이 사용될 수 없다. 동사 '去(가다)'에는 시사자(施事者)의 의지가 나타나 있다. 그러므로 (103)과 같이 개사 '向', '朝', '往'은 모두 의지가 나타난 문장에 사용될 수 있다는 것을 알 수 있다. 그리고 (103)과 같은 문장에서 개사 '到'도 쓰일 수 있는데 여기의 '到'는 역시 (97)과 같이 '목적지'를 나타낸 것이다. (104)는 의지가 작용하지 않는 상황을 나타낸 것이다. 이 경우에 (104)a와 (104)c는 성립하는 반면에 (104)b는 비문이다. 이는 개사 '朝'는 비의지 상황을 나타내지 못하지만 '向'과 '往'은 비의지 상황을 나타낼 수 있음을 뜻한다. '방향'을 나타내는 중국어 개사 '向', '朝', '往'의 차이를 다음 [표 13]과 같이 정리해 보았다.

[표 13] '방향'을 나타내는 중국어 개사 '向', '朝', '往'

의미 기능 개사	이동의 방법		상태의 지속성	화자의 의지	
	정면을 향하여 이동하다	왔던 방향으로 되돌아 이동하다		의지	비의지
向	+	-	+	+	+
朝	+	-	+	+	-
往	+	+	-	+	+

중국어에서 '경로'를 나타내는 개사는 '从'과 '由' 두 개 있는데 '经过, 走过, 路过, 走' 류로 표현되는 서술어와 함께 쓰인다. (99)에서 제시하듯이 개사 '从'은 '대문'과 같이 '일정한 공간'을 가지는 경로와 '들판'과 같이 '평면적' 경로를 나타내는 의미 기능을 모두 가지는데 개사 '由'는 '평면적' 경로를 나타내는 의미기능만 가지는 차이가 있다. 이런 점에서는 경로를 나타낼 때 개사 '从'의 영역 속에 '由'가 포함되는 것을 알 수 있다. '由'는 때로는 뒤에 오는 명사의 제약을 받아서 사용될 수 없기 때문에 앞의 〈그림 1〉에서 점선으로 표시하였다.

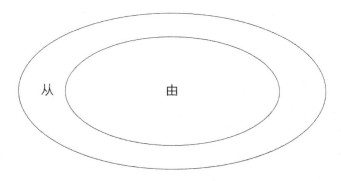

〈그림 2〉 경로를 나타내는 중국어 개사 '从'과 '由'

한국어 부사격 조사 '로/으로'의 대표적인 의미기능은 바로 '방향' 이다. 한국어에서는 부사격 조사 '로/으로'는 '지향점, 목적지', '구체적인 방향', '행동의 경로' 세 가지 의미를 모두 나타낼 수 있다. '지향점, 목적지'를 나타내는 조사는 '에'도 있다. 중국어에서도 의미에 따라서 각 다른 개사로 표현하고 있다. 즉, '지향점, 목적지'를 개사 '到'로, '구체적인 방향'을 개사 '向', '朝', '往'으로, '행동의 경로'를 개사 '从', '由'로 나타낸다.

'방향, 지향점'의 의미를 나타내는 데 있어 서로 유의 관계를 보이는 한국어 부사격 조사 '로/으로'와 '에'는 앞에 연결되는 명사와 뒤에 오는 동사의 성질로 인하여 의미 특성이 일치되지 않으므로 용법이 동일하지 않다. 중국어 개사 '到', '向', '朝', '往', '从', '由'도 의미 특성이 일치되지 않으므로 가지는 의미 기능이 같지 않다.

이러한 사실을 고려할 때 '방향, 지향점'의 의미 기능을 보이는 문장에서 한국어 부사격 조사도 중국어 개사도 유의 관계를 보이는 두 가지 또는 두 가지 이상의 부사격 조사, 개사가 동원되어야만 서로 대응이 가능하다.

4.2. 재료

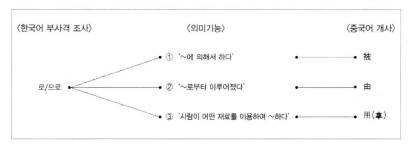

〈그림 3〉'재료'의 의미기능을 담당하는 한국어 부사격 조사와 중국어 개사

(105) a. 운동장은 잔디로 덮여 있다.
　　　 运动场被草地覆盖着。
　　 b. 방안은 책으로 꽉 차 있다.
　　　 房间被书堆满了。

(106) a. 이 식품은 단백질과 지방으로 이루어져 있다.
　　　 这个食品是由蛋白质和脂肪组成的。
　　 b. 이 논문은 서론, 본론, 결론으로 구성되어 있다.
　　　 这个论文由绪论, 本论, 结论构成。

(107) a. 나무로 집을 짓다.
　　　 用(拿)木头盖房子。

b. 떡은 쌀로 만든다.
年糕是用(拿)米做的。

(105)는 '본래의 재료는 아니고 ~에 의해서 하다'의 피동적 의미를 표현하는 예문들이고 중국어에서는 이와 같은 상황에서 피동 의미를 가지는 개사 '被'를 사용한다. 이 때 '被'와 공기하는 동사는 '覆盖, 堆满, 遮住' 등이 대표적이다. (106)은 '~로부터 이루어졌다'의 뜻을 나타내고 객관적 사실을 진술하는 예문들이고 중국어에서는 개사 '由'로 표현된다. 이와 같은 경우에 '由'는 '构成, 组成, 合成, 建成' 류로 표현되는 서술어와 함께 쓰인다. (107)은 '어떤 재료를 이용하여 ~하다'의 뜻을 나타내고 중국어는 이러한 경우에 개사 '用(拿)'로 표현한다. '用(拿)'는 동사에서 변해 왔으므로 여전히 동사 '~를 이용하다', '~를 가지고'의 의미를 가지고 있다. 그래서 (107)과 같은 경우에 '나무를 이용하여', '쌀을 이용하여'는 중국어 '用(拿)木头', '用(拿)米'로 표현된다. 이 때 '用(拿)'는 '做, 作, 制作' 류로 표현되는 서술어와 함께 쓰인다. 개사 '用'과 '拿'는 문체적인 차이를 볼 수 있는데 즉, '拿'는 주로 구어에서 많이 쓰이는데 '用'은 구어와 문어에서 모두 쓰일 수 있어 그 문체적인 함축이 다소 다르게 인식된다.

한국어에서는 부사격 조사 '로/으로'는 〈그림 3〉에서 제시하는 세 가지 의미를 모두 나타낼 수 있는 데 비해서 중국어에서는 하나의 개사만으로 이 세 가지 의미를 모두 나타낼 수 없고 의미에 따라서 각각 다른 개사 '被', '由', '用(拿)'로 표현하고 있다.

'재료'의 의미를 나타내는 데 있어 서로 유의 관계를 보이는 중국어 개사 '被', '由', '用(拿)'는 의미적인 제약관계, 그리고 화용적인 차이로 인하여 의미 특성이 일치되지 않아서 용법이 똑같지 않다.

이러한 사실을 고려할 때 '재료'의 의미기능을 보이는 문장에 쓰인 중국어 개사 '被', '由', '用(拿)' 가운데 어느 하나가 한국어 부사격 조사 '로/으로'에 일대일 대응되지는 못한다.

이렇게 보면 '재료'의 의미기능을 보이는 문장에서 한국어 부사격 조사 '로/으로'는 단독으로 중국어 개사 '被', '由', '用(拿)'에 대응될 수 있지만, 중국어 개사 '被', '由', '用(拿)'는 함께 동원되어야만 비로소 한국어 부사격 조사 '로/으로'에 대응될 수 있다. 이에 '재료'의 의미기능을 담당하는 한국어 부사격 조사 '로/으로'는 중국어 개사 '被', '由', '用(拿)'보다 의미기능의 부담량이 많고 의미장도 넓다는 것을 알 수 있다.

4.3. 도구, 수단, 방법

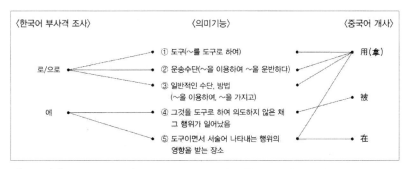

〈그림 4〉'도구, 수단, 방법'의 의미기능을 담당하는 한국어 부사격 조사와 중국어 개사

(108) a. 믹서기로 주스를 만든다.

用(拿)搅拌机榨果汁。

　　 b. 배추를 칼로 썰었다.

用(拿)刀切白菜。

　　 c. 볼펜으로 글을 쓰세요.

请用(拿)圆珠笔写字。

(109) a. 물건은 배와 기차로 운반된다.

用(拿)船和火车运东西。

　　 b. 골목길이기 때문에 리어카로 운반해야 한다.

因为是胡同, 得用(拿)手推车运。

(110) a. 주식 투자로 돈을 벌기는 어렵다.

用(拿)投资股票来挣钱是很难的。

b. 어떤 방식으로 이 문제를 해결하겠느냐?

用(拿)什么方式来解决这个问题呢?

(111) a. 손가락이 칼에 베어 찢어졌다.

手指被刀划破了。

b. 돌에 채여 넘어질 뻔했다.

差点被石头绊倒了。

(112) a. 난로에 옷을 말리다.

用(拿)暖炉烘干衣服。(在暖炉上烘干衣服。)

b. 아기 기저귀는 햇볕에 말려야 좋다.

孩子的尿布用(拿)阳光晒才好。

(孩子的尿布在阳光下晒才好。)

c. 할머니는 강물에 채소를 씻는다.

奶奶用(拿)河水洗菜。(奶奶在河水里洗菜。)

(108)은 도구를 나타내는 말 뒤에 붙어서 '~를 도구로 하여'의 뜻을 나타낸다. (109)는 구체적인 운송 수단을 나타내는 말에 붙어 '~을 이용하여', '~을 가지고'의 뜻을 나타내는 예문들이고 (110)은 일반적인 수단, 방법을 나타내는 말에 붙어 역시 '~을 이용하여', '~을 가지고'의 뜻을 나타내는 예문들이다. (111)는 '~를 도구로 하여/이용하여'의 뜻을 나타내지만 (108)과 달리 '그것을 도구로 하여 의도하지 않은 채 그 행위가 일어났음'을 나타낸다. (112)는 '도구이면서 서술어가 나타내는 행위의 영향을 받는 장소'를 나타낸다.

《(한국어 학습용)어미·조사 사전》(2001)[4]에서는 다음과 같은 예문들을 통해 '도구'를 나타내는 '에'와 '로/으로'의 차이를 설명하고 있다. '에'는 그것을 도구로 하여 의도하지 않은 채 그 행위가 일어났음을 나타내지만, '로/으로'는 의도적으로 그러한 행동을 하였음을 나타낸

---

4) 《(한국어 학습용)어미·조사 사전》(2001: 693) 참조.

다고 기술하고 있다.

(113) a. ㄱ) 나는 잘못해서 칼에 손을 베었다.
　　　 ㄴ) ?나는 잘못해서 칼로 손을 베었다.
　　 b. ㄱ) * 나는 칼에 손을 베어서 혈서를 썼다.
　　　 ㄴ) 나는 칼로 손을 베어서 혈서를 썼다.

　예문 (113)에서 제시하듯이 잘못해서 손을 베는 것은 '나'의 의도로
하는 짓이 아닐 경우에는 a-ㄱ)과 같이 '에'가 쓰인다. 하지만 혈서를
쓰기 위해서 일부러 손을 베는 것은 '나'의 의도로 하는 짓일 경우에는
b-ㄴ)과 같이 '로/으로'가 쓰인다.

　'用(拿)'는 '~를 이용하여', '~를 가지고'의 의미로 '재료, 수단, 도구,
방법'을 나타내는 대표적인 중국어 개사들이다. 사람의 의지로 '~를
재료/도구/수단/방법으로 하여'의 의미 기능을 담당하기 때문에 (108),
(109), (110), (112)과 같은 경우에 '用'과 '拿'는 모두 사용 가능함을
보여준다. (112)에서의 '난로', '햇볕', '강물'은 도구이면서 서술어가
나타내는 행위의 영향을 받는 장소도 나타낼 수 있기 때문에 이 때의
조사 '에'는 '장소'를 나타내는 중국어 개사 '在'로 표현될 수 있다.
(111)는 '도구'를 나타내지만 '그것을 도구로 하여 의도하지 않은 채
그 행위가 일어났음'을 나타낸다. 이 때의 조사 '에'는 피동의미 기능을
담당하는 중국어 개사 '被'로 표현된다.

　〈그림 4〉에서 제시하듯이 '도구', '운송수단', '일반적인 수단, 방법'
을 중국어개사 '用(拿)'로, '그것을 도구로 하여 의도하지 않은 채 그
행위가 일어났음'을 개사 '被'로, '도구이면서 서술어 나타내는 행위의
영향을 받는 장소'를 개사 '用(拿)'와 '在'로 나타낸다. 한국어에서도
'로/으로'와 '에' 두 조사로 이와 같은 다섯 가지 의미를 나타낸다.

　'도구, 수단, 방법'의 의미를 나타내는 데 있어 서로 유의 관계를
보이는 한국어 부사격 조사 '로/으로'와 '에'는 앞에 연결되는 명사와
뒤에 오는 동사의 성질로 인하여 의미 특성이 일치되지 않아서 용법이

똑같지 않다. 중국어 개사 '用(拿)', '被', '在'는 쓰임에 있어 차이도 있다.

이렇게 보면 '도구, 수단, 방법'의 의미기능을 보이는 문장에서 한국어 부사격 조사도 중국어 개사도 유의관계를 보이는 두 가지 이상의 부사격 조사, 개사가 동원되어야만 서로 대응이 가능하다.

4.4. 자격, 신분, 명성

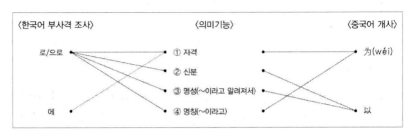

〈그림 5〉 '자격, 신분, 명성'의 의미기능을 담당하는 한국어 부사격 조사와 중국어 개사

(114) a. 누군지 그녀를 아내로 맞는 사람은 행복할 것이다.
　　　　不管是谁, 娶她为妻都会很幸福。
　　b. 우리는 그를 회장으로 받든다.
　　　　我们拥戴他为会长。

(115) a. 그가 반장에(으로) 뽑혔다.
　　　　他被选为班长。
　　b. 그는 비서에(로) 임명되었다.
　　　　他被任命为秘书。
　　c. 그는 재작년에 인민대표에(로) 선출되었다.
　　　　他前年被选为人民代表。

(116) a. 그는 기자 신분으로 시사회에 갔다.
　　　　他以记者的身份去参加了首映式。

b. 저는 한국어 교사로 10년 동안 가르쳤습니다.

我以韩语老师的身份从教10年。

(117) a. 이 곳 사벌 평야는 예부터 곡창 지대로 유명한 곳이었다.

这片沙地原是个以粮仓闻名的地方。

b. 파리는 에펠탑으로 유명하다.

巴黎以埃菲尔铁塔闻名。

(118) a. 허락하신다면 저도 당신을 형님으로 부르겠습니다.

如果同意，我也称您为大哥。

b. 태조는 국호를 고려로 칭했다.

太祖立国号为高丽。

(114)와 (115)은 자격을 나타내는 예문들이다. (115)에서 제시하듯이 서술어는 '뽑히다, 임명하다, 취임하다'류의 동사인데 조사 '에'와 '로/으로'는 서로 바꾸어 표현할 수 있다. (116)은 신분을 나타내는 말에 붙어 '~의 신분을 가지고'의 뜻을 나타낸다. (117)은 명성을 나타내는 말에 붙어 '~이라고 알려져서'의 뜻을 나타내는 예문이다. (118)은 명칭을 나타내는 말에 붙어 '부르다, 칭하다'류로 표현되는 서술어와 함께 쓰이고 '~이라고'의 뜻을 나타내는 예문들이다.

한국어 부사격 조사 '에'는 (115)과 같이 '반장', '비서', '인민대표' 등과 같은 '자격, 신분'을 나타내는 명사 뒤에 사용될 수 있는데 이것은 '에'의 '장소'를 나타내는 의미기능과 같이 볼 수 있다. 즉, '에'로 '반장자리', '비서자리', '인민대표자리'를 나타낸다. 이에 〈그림 5〉에서 점선으로 표시하였다.

〈그림 5〉에서 제시하듯이 '자격', '신분', '명성', '명칭'의 의미를 한국어에서 부사격 조사 '로/으로' 하나만으로 모두 나타낼 수 있는데 반해 중국어에서는 '为(wéi)'와 '以' 두 개의 개사로 나타낼 수 있다. '자격'을 표현하는 데 있어 한국어 조사 '로/으로', '에'가 모두 쓰일 수 있고 이 때 두 조사가 서로 호환해서 사용해도 된다.

'자격, 신분, 명성'의 의미를 나타내는 데 있어 중국어 개사 '为(wéi)'와 '以'는 의미적인 제약관계로 인하여 의미 특성이 일치되지 않아서 용법이 똑같지 않으므로 서로 바꾸어서 쓸 수 없는 정도이다.

이러한 사실을 고려할 때 '자격, 신분, 명성'의 의미기능을 보이는 문장에 쓰인 중국어 개사 '为', '以' 가운데 어느 하나만으로 한국어 부사격 조사 '로/으로'에 대응되지 못한다.

이렇게 보면 '자격, 신분, 명성'의 의미기능을 보이는 문장에서 '로/으로'는 단독으로 '为(wéi)', '以'에 대응될 수 있지만 중국어 개사 '为(wéi)', '以'는 함께 동원되어야만 비로소 한국어 조사 '로/으로'에 대응될 수 있다. 이에 '자격, 신분, 명성'의 의미기능을 담당하는 한국어 부사격 조사 '로/으로'는 중국어 개사 '为(wéi)', '以'보다 의미기능의 부담량이 많고 의미장도 넓다는 결론을 내릴 수 있다.

4.5. 원인, 이유

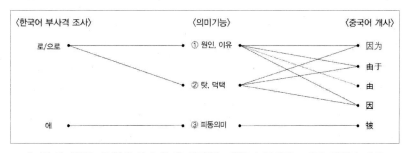

〈그림 6〉 '원인, 이유'의 의미기능을 담당하는 한국어 부사격 조사와 중국어 개사

(119) a. 이 전쟁으로 비롯된 자연적 재해는 엄청나다.
　　　　因为(由于/由/因)这场战争引发的自然灾害是很严重的。
　　 b. 오랜 감기로 발생한 폐렴이다.
　　　　是因为(由于/由/因)长期感冒引起的肺炎。
　　 c. 급한 일로 가지 못 했다.
　　　　因为(由于/因)有急事没能去。

(120) a. 더위에 지친 사람들

　　　因为(由于/因)炎热而疲惫的人们

　　b. 나는 두려움에 떨었다.

　　　我因为(由于/因)害怕而发抖。

(121) a. 선생님 덕택으로 이 논문을 쓸 수 있었습니다.

　　　因为(由于/因)有了老师的帮助, 才写出了这篇论文。

　　b. 저의 실수로 이런 문제가 생겼습니다.

　　　因为(由于/因)我的失误出现了这样的问题。

(122) a. 그는 요란한 소리에 잠을 깨었다.

　　　他被嘈杂的声音吵醒了。

　　b. 산길이 큰 눈에 막혔다.

　　　山路被大雪封住了。

　　c. 호기심에 사로잡히다.

　　　被好奇心驱使。

　　d. 옷이 비에 흠뻑 젖었다.

　　　衣服被雨淋透了。

　　(119)와 (120)은 원인이나 이유를 나타내는 말에 붙어 '~가 원인이 되어', '~를 원인/이유로 하여'의 뜻을 나타낸다. (121)는 '탓, 덕택'과 같이 직접 원인이나 이유를 나타내는 말에 붙어 '그것이 직접 원인이 되어'의 뜻을 나타낸다. (122)는 피동의미를 나타내는 예문들이다.

　　한국어 부사격 조사 '로/으로'와 '에'는 모두 '원인, 이유'를 나타낼 수 있는데 쓰임에 있어 차이가 보인다.

　　《(한국어 학습용)어미·조사 사전》(2001)[5]에서는 아래 (123)에서와 같이 '에'는 앞에 오는 명사가 직접적이고 실제의 사물에 의한 원인인 경우에 쓰이고, '로/으로'는 전체적인 영향을 끼치는 원인인 경우에 쓰인다고 설명하고 있다.

---

5) 《(한국어 학습용)어미·조사 사전》(2001: 693) 참조.

(123) a. 큰소리에 놀란 아이가 울고 있다.

b. 비바람에 나뭇잎들이 다 떨어졌다.

c. 감기로 고생하고 있어.

d. 남자 친구의 오해로 헤어지게 되었다.

아이가 큰소리 때문에 놀라서 울고 있고, 나뭇잎들이 비바람 때문에 다 떨어졌다. 이 때 '큰소리'와 '비바람'은 직접적이고 실제의 사물에 의한 원인이고 (123)a, (123)b와 같이 '에'가 쓰인다. '감기'가 끼치는 영향으로 고생하고, 남자 친구의 오해가 끼치는 영향으로 헤어지게 되었다. 이와 같은 경우에 (123)c, (123)d와 같이 '로/으로'가 쓰인다.

〈그림 6〉에서는 제시하듯이 중국어에서 '由于', '因为', '因', '由', '被' 다섯 개 개사로 '원인, 이유'를 나타낸다. '由于'와 '因为'는 많은 경우에 서로 호환해서 사용될 수 있는데 '因为'는 구어적인 반면, '由于'는 문어적인 성향을 띠고 있어 그 문체적인 함축이 다소 다르게 인식된다. '由于'와 '由'는 비슷하지만 '由'는 '원인, 이유'를 나타낼 때 뒤의 서술어는 항상 '造成(발생시키다)', '引起(일으키다)', '引发(일으키다)', '所致(발생하다)'류의 동사이다. 그러므로 (119)의 c, (120), (121) 예문들에서 '由'를 사용할 수 없다. '由'는 이러한 서술어의 제약을 받아야만 사용될 수 있기 때문에 〈그림 6〉에서 점선으로 표시하였다. '因为'와 '因'는 비슷하지만 '因'은 '因为'보다 용례가 적다.

(124) a. 今天很冷, 因为昨天下雨了。　　　b. * 今天很冷, 因昨天下雨了。

어제 비가 와서 오늘은 아주 춥다.

(124)와 같이 '원인, 이유'를 나타내는 문장이 뒤에 오면 '因为'만을 사용할 수 있고 '因'을 사용할 수 없다.

(125) - 为什么这么晚才来?　　　　　　　- 因为塞车。/ * 因塞车。

왜 이렇게 늦게 왔어요?　　　　　　차가 많이 막혀서요.

(125)와 같이 회화에서 '为什么(왜)…'류의 의문문에 대해서 대답할 때도 '因为'를 사용하지만 '因'은 사용할 수 없다.

'원인, 이유'를 나타내는 데 피동의미를 표현할 때 중국어에서 역시 피동의미를 나타내는 개사 '被'를 사용한다.

지금까지 살펴본 '원인, 이유'를 나타내는 중국어 개사 '由于', '因为', '因', '由', '被'의 차이를 다음 [표 14]로 정리해 보았다.

[표 14] '원인, 이유'를 나타내는 중국어 개사

기능 / 개사	문체		통사적 제약		의미적 제약
	문어적	구어적	서술어 제약	위치 제약	피동의미
由于	+	-	-	-	-
因为	-	+	-	-	-
由	+	-	+	-	-
因	-	+	-	+	-
被	+	+	-	-	+

〈그림 6〉에서 제시하듯이 이와 같은 세 가지 의미는 한국어에서는 두 개의 부사격 조사로, 중국어에서는 다섯 개의 개사로 표현된다.

'원인, 이유'의 의미를 나타내는 데 있어 서로 유의 관계를 보이는 한국어 부사격 조사 '로/으로'와 '에'는 구문적인 계약관계로 인하여 의미 특성이 일치되지 않아서 용법이 똑같지 않다. 중국어 개사 '由于', '因为', '因', '由', '被'도 통사나 의미 관계에 있어 차이를 보인다.

이렇게 보면 '원인, 이유'의 의미기능을 보이는 문장에서 한국어 부사격 조사도 중국어 개사도 유의관계를 보이는 두 가지 이상의 부사격 조사, 개사가 동원되어야만 서로 대응이 가능하다.

4.6. 시간

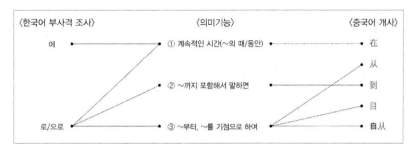

〈그림 7〉 '시간'의 의미기능을 담당하는 한국어 부사격 조사와 중국어 개사

(126) a. 그는 아침, 저녁<u>으로</u> 운동을 한다.

他(在)早晨和傍晚运动。

b. 봄 가을<u>로</u> 찾아오는 새

(在)春秋飞来的鸟

c. 어부들이 밤<u>으로</u> 배를 타고 나가 고기를 잡는다.

渔夫们(在)晚上坐船出去打渔。

(127) a. 주말<u>에</u> 등산이나 갈까요?

(在)周末去登山怎么样?

b. 몇 시<u>에</u> 돌아왔어요?

(在)几点回来的?

c. 오전<u>에</u>는 공부를 하고 오후<u>에</u> 친구를 만나다.

(在)上午学习, (在)下午见朋友。

(128) a. 어제<u>로</u> 논문이 끝났다.

到昨天(为止)论文完成了。

b. 우리 모임은 오는 12일<u>로</u> 30돌을 맞는다.

我们的聚会到12号(为止)就是30年了。

(129) a. 그 여자는 남편이 죽은 후<u>로</u> 딸 둘, 아들 하나를 혼자 힘으로 키웠다.

<u>自从</u>(自/从)丈夫死后, 她就自己抚养两个女儿, 一个儿子。

b. 그가 떠난 후로 나는 계속 슬픔에 잠겨 있었다.
自从(自/从)他离开后，我就一直沉浸在悲伤中。

(126)과 (127)은 행동이 이루어지는 계속적인 시간을 나타내는 말에 붙어 '그러한 때에'의 뜻을 나타낸다.[6] (128)은 시간을 나타내는 말에 붙어 '~까지 포함해서 말하면'의 뜻을 나타낸다. (129)는 몇몇 시간을 나타내는 말에 붙어 '~부터, ~를 기점으로 하여'의 뜻을 나타낸다.
　'계속적인 시간'이나 '~의 때/동안', '~의 기간을 통하여'의 뜻을 나타낼 때 중국어에서 개사 '在'를 사용하는데 앞 내용에서 논의했듯이 중국어에서는 시간사가 직접 부사어가 될 수 있기 때문에 시간을 표현하는 개사 '在'의 도움 없이 직접 시간을 나타내는 단어만으로 표현이 가능하다. 이에 〈그림 7〉에서 점선으로 표시하였다. 개사 '到'는 동사에서 변해 와서 동사 '도착하다'의 의미를 아직 가지고 있어서 시간의 종점(終點)을 나타낼 수 있다. 시작점을 나타내는 중국어 개사는 '自从', '自', '从' 세 개 있다. 모두 시작점을 나타낼 수 있지만 서로 간에 차이가 있다. '自'와 '从'은 과거 시간, 현재 시간, 미래 시간을 모두 나타낼 수 있는데 '自从'은 단지 과거 시간만을 나타낼 수 있다. 그래서 다음과 같이 (130)의 경우에 세 개 개사를 모두 사용할 수 있는데 (131)와 (132)의 경우에 개사 '自从'을 사용할 수 없다.

(130) a. 自从去年起　　b. 自去年起　　c. 从去年起　　작년부터

(131) a. * 自从今天起　　b. 自今天起　　c. 从今天起　　오늘부터

(132) a. * 自从明天起　　b. 自明天起　　c. 从明天起　　내일부터

'自'와 '从'의 차이는 주로 문체적인 차이를 보인다. 즉, '自'는

---

6) 石坚(2014: 291): 韩语中用"-(으)로"来表示行为动作发生的时间时不同于助词"-에"，
　"-(으)로"通常强调的是某种行为具有的经常性、周期性或规律性。

단지 문어로 쓰이는데 '从'은 이러한 제한이 없이 문어와 구어로 모두 쓰일 수 있다.

〈그림 7〉에서 제시하듯이 이와 같은 세 가지 의미는 한국어에서는 두 개의 부사격 조사로, 중국어에서는 다섯 개의 개사로 표현된다. 그 중에 한국어 부사격 조사 '로/으로'의 의미기능 부담량은 가장 많고 의미장도 가장 넓다는 것을 알 수 있다.

'시간'의 의미를 나타내는 데 있어 서로 유의 관계를 보이는 중국어 개사 '在', '到', '自从', '自', '从'은 의미론적인 제약관계로 인하여 의미 특성이 일치되지 않아서 용법이 똑같지 않다. 한국어 부사격 조사 '로/으로'와 '에'도 쓰임에 있어 차이가 있다.

이렇게 보면 '시간'의 의미기능을 보이는 문장에서 한국어 부사격 조사도 중국어 개사도 유의관계를 보이는 두 가지 이상의 부사격 조사, 개사가 동원되어야만 서로 대응이 가능하다.

4.7. 장소, 위치

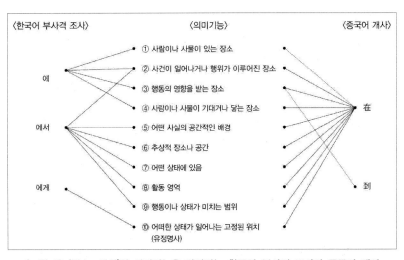

〈그림 8〉 '장소, 위치'의 의미기능을 담당하는 한국어 부사격 조사와 중국어 개사

(133) a. 도서관에 어떤 책이 가장 많습니까?

(在)图书馆里哪些书最多?

b. 거리에 사람들이 많다.

(在)街上人很多。

c. 이 곳에 늘 안개가 심하다.

(在)这个地方雾总是很大。

(134) a. 어젯밤 서울에 화재가 발생했다.

昨晚在首尔发生了火灾。

b. 부모님은 농촌에 살고 계신다.

父母生活在农村。(父母在农村生活。)

c. 그는 체육관 근방에 거처했다.

他住在体育馆附近。(他在体育馆附近住。)

d. 모두 운동장에 모이세요.

都在运动场集合。

(135) a. 어제 집에서 텔레비전을 보았어요.

昨天在家看电视了。

b. 우리는 항상 집에서 기도를 드린다.

我们经常在家祈祷。

c. 농부들이 밭에서 일하고 있다.

农夫们在地里劳作。

d. 그는 운동장에서 공을 차고 있다.

他在运动场踢球。

e. 아침 식사는 어디에서 먹습니까?

早餐在哪儿吃?

(136) a. 모두 바닥에 앉으세요.

请大家都坐在(到)地上。

b. 사과가 땅에 떨어졌다.

苹果掉在(到)地上了。

c. 짐을 너의 집에 맡기다.

行李寄存在(到)你家。

d. 책상 옆에 두십시오.

请放在(到)桌子旁边。

e. 이걸 냄비에 넣고 녹이세요.

请把这个放在(到)锅里熔化。

f. 수진은 돈을 주머니에 넣고 가게로 달려갔다.

秀珍把钱放在(到)口袋里向商店跑去。

g. 그는 차에 짐을 싣고 떠났다.

他把行李装在(到)车上离开了。

h. 쌀을 항아리에 담아라.

把米放在(到)缸里。

(137) a. 문에 붙은 메모지를 발견했다.

发现了贴在门上的便条。

b. 벽에 표어를 붙인다.

把标语贴在墙上。

c. 흙이 바지에 묻었다.

泥土粘在裤子上了。

d. 아이는 어머니 옆에 기대다.

孩子依偎在母亲身边。

e. 문에 기대지 마시오.

不要靠在门上。

(138) a. 이로써 정부와 여당은 국회에서 확실하게 안정 세력을 확보하게 되었다.

由此政府和执政党在国会真正确保了自己的势力。

b. 현실에서 가게 하나 여는 데는 많은 돈이 필요하다.

在现实中, 开一家商店是需要很多钱的。

(139) a. 어젯밤 꿈 속에서 할머니를 보았습니다.

昨晚在梦中见到了奶奶。

b. 불안이 가슴속에서 확산되고 있었다.

不安在心中扩散。

(140) a. 숨 막힐 듯한 분위기에서 회의는 몇 시간째 계속되었다.

在近乎窒息的气氛中, 会议持续了几个小时。

b. 저희는 인도주의적 차원에서 환자들을 대해야 한다.

我们要在人道主义的立场上对待患者。

(141) a. 그는 이 장사에서 한 밑천을 건졌다.

他在这次买卖中捞回了本钱。

b. 유학 생활에서 느낀 점에 대해 이야기해 봅시다.

说说在留学生活中感受到的东西。

(142) a. 우리 반에서 내가 제일 크다.

在我们班我个子最高。

b. 이 세상에서 나는 엄마를 가장 사랑한다.

在这个世界上我最爱妈妈。

(143) a. 남편에게 문제가 생겨 변호사를 찾아갔다.

在丈夫那里出现点问题，所以去找了律师。

b. 위장병은 스님들에게 많은 병이다.

胃肠病在僧人们身上是多发病。

(133)은 사람이나 사물이 있는 장소를 나타내는 명사에 붙어 쓰이어 '~를 존재의 위치로 하여'의 뜻을 나타낸다. (134)와 (135)는 사건이 일어나거나 행위가 이루어진 장소를 나타낸다. 또 (136)은 서술어의 행동이 일어남으로써 영향을 받게 되는 장소를 나타내고 (137)은 사람이나 사물이 기대거나 닿는 장소를 나타낸다. (138)은 어떤 사실의 공간적인 배경이 됨을 나타내며 (139)는 추상적 장소나 공간을 나타낸다. (140)은 어떠한 상태에 있음을 나타내고 (141)은 활동 영역을 나타내는 말에 붙어 '어떤 일을 하는 데에서'의 뜻을 나타낸다. (142)는 행동이나 상태가 미치는 범위를 나타내며 (143)은 어떠한 상태가 일어나는 고정된 위치나 소재지를 나타낸다.

이희자·이종희(1998)에서 '장소, 위치'를 나타내는 부사격 조사 '에'와 '에서'의 차이를 다음과 같이 설명하고 있다.[7]

첫째, '에'는 동작이나 상태가 나타나는 지점을 가리키는 데 반해, '에서'는 동작이 벌어지는 자리를 나타낸다. '에'는 위치 부사어, '에서'는 처소 부사어라고 하기도 한다.

---

7) 이희자·이종희(1998: 178) 참조.

(144) a. 그 여자는 마루에 앉았다.　　b. 그 여자는 마루에서 앉았다.

앉는 상태가 나타내는 지점 '마루'를 나타낼 때는 (144)a와 같이 '에'가 쓰이고, 앉는 동작이 벌어지는 자리 '마루'를 나타낼 때 (144)b와 같이 '에서'가 쓰인다.

둘째, '에'는 동사의 움직임이 그 상태로 계속되는 것을 나타내는 데 반해, '에서'는 움직임이 변화되면서 계속 일어나는 것을 나타낸다. '에'는 정적인 특징을, '에서'는 동적인 특징을 나타낸다.

(145) a. 선우는 서울에 살아.　　b. 선우는 서울에서 살아.

사는 상태를 나타낼 때 (145)a와 같이 '에'가 쓰이고 사는 동작, 즉 생활하면서 하는 각종 동작을 나타낼 때 (145)b와 같이 '에서'가 쓰인다.

부사격 조사 '에게'도 '장소, 위치'를 나타낼 수 있는데 '에', '에서'와 달리 일반적 장소 명사가 아닌 유정명사(사람) 뒤에 쓰인다.

중국어에서 사물, 사람이 있는 장소나 사건이 일어나거나 행위가 이루어진 장소를 나타낼 때 중국어 개사 '在'를 사용한다. 앞 내용에서 제시하듯이 중국어에서 복합방위사(複合方位詞)는 단독으로 사건이 일어나거나 행위가 이루어진 장소를 나타내는 부사어가 될 수 있기 때문에 (133)에서 개사 '在'가 생략되어도 맞는 표현이다. 〈그림 8〉에서 또한 점선으로 표시하였다. '장소, 위치'를 나타내는 개사 '到'도 있다. '到'와 '在'의 차이는 '到'는 일반적 장소를 나타내는 것이 아니고 어떤 행동의 최종 도착지, 즉 종점(終點) 장소를 나타낸다. (136)의 예문들에서 '到'로 표현될 수 있지만 의미가 조금 달라져서 〈그림 8〉에서 점선으로 표시하였다.

'장소, 위치'의 의미기능을 담당하는 한국어 부사격 조사 '에', '에서', '에게'는 주로 중국어 개사 '在'에 대응된다. '행동의 영향을 받는 장소'를 나타내는 데 있어 '到'로 표현할 수 있지만 의미가 조금 달라진다. 즉, 종점(終點) 도착 장소를 나타낸다.

서로 유의 관계를 보이는 한국어 부사격 조사 '에', '에서', '에게'는 앞에 연결되는 명사와 뒤에 오는 동사의 성질로 인하여 의미 특성이 일치되지 않아서 용법이 똑같지 않다.

이러한 사실을 고려할 때 '장소, 위치'의 의미기능을 보이는 문장에 쓰인 '에', '에서', '에게' 가운데 어느 하나만으로 중국어 개사 '在'에 대응되지 못한다.

이렇게 보면 '장소, 위치'의 의미기능을 보이는 문장에서 한국어 부사격 조사 '에', '에서', '에게'는 함께 동원되어야만 비로소 중국어 개사 '在'에 대응될 수 있지만, '在'는 단독으로 '에', '에서', '에게'에 대응될 수 있다. 이에 '장소, 위치'의 의미기능을 담당하는 중국어 개사 '在'는 한국어 부사격 조사 '에', '에서', '에게'보다 의미기능의 부담량이 많고 의미장도 넓다는 결론을 얻을 수 있다.

4.8. 대상

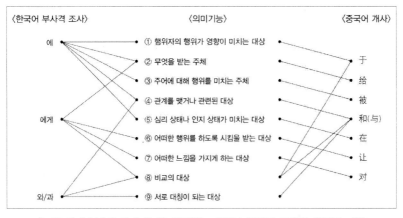

〈그림 9〉 '대상'의 의미기능을 담당하는 한국어 부사격 조사와 중국어 개사

(146) a. 그는 그림 그리기에 열중하고 있다.

他热衷于画画。

b. 앞날에 기대를 걸다.

寄希望于未来。

c. 직무에 충실하다.

忠于职守。

d. 현 상황에 만족하지 않다.

不满足于现状。

e. 자료수집에 바쁘다.

忙于收集资料。

(147) a. 어머니는 아침마다 꽃에 물을 준다.

妈妈每天早晨给花浇水。

b. 기계 공장에서 절약한 강재를 농기구 공장에 떼어 준다.

把机械工厂节余的钢材划拨给农具厂。

c. 청춘을 조국에 바친다.

把青春献给祖国。

(148) a. 영민이 수진에게 전화를 했습니다.

英敏给秀珍打电话了。

b. 김 선생님이 저에게 한국말을 가르칩니다.

金老师教给我韩国语。(金老师教我韩国语。)

c. 민호가 수진에게 공을 던집니다.

民浩把球扔给秀珍。

d. 이 일은 다른 사람에게 맡기는 것이 좋겠어요.

把这项工作交给别人好一些。

(149) a. 그 사람은 경찰에 쫓기고 있다.

那个人正在被警察追赶。

b. 이들은 나치에 쫓겨 미국으로 망명하였다.

他们被纳粹追赶流亡到了美国。

(150) a. 이 책은 동물에 관련된 것이다.

这本书是和(与)动物有关的。

b. 그 사람들은 이번 사건에 관련되지 않았습니다.

那些人和(与)这次事件无关。

(151) a. 그는 나와 나이가 같다.

他和(与)我年纪相同。

b. 나는 김 선생님과 선후배 사이다.

我和(与)金老师是前后辈关系。

c. 이 사람은 내 동생과 제일 친한 친구다.

这个人是和(与)我弟弟关系最好的朋友。

(152) a. 그는 슬픔에 잠겨 울고 있다.

他沉浸在悲伤中痛哭。

b. 생각에 잠겨서 불러도 대답이 없었다.

沉浸在思考中，叫他也没答应。

(153) a. 선생님이 학생들에게 책을 읽히신다.

老师让学生们读书。

b. 아이에게 콜라를 마시지 못하게 했다.

没让孩子喝可乐。

(154) a. 나는 차츰 외국 사람에게 흥미를 느낀다.

我渐渐对外国人产生了兴趣。

b. 나도 이제 너에게 정말 실망했다.

我现在也对你感到很失望。

(155) a. 공부는 남에게 뒤지지 않아요.

学习不落后于其他人。

b. 저 사람에게 비하면 나는 행복한 편이다.

和(与)那个人相比我是幸福的。

(156) a. 인간의 일생은 마라톤 경기와 같다.

人的一生就和(与)马拉松比赛一样。

b. 옛날의 한강 모습은 오늘날과 매우 다르다.

过去汉江的样子和(与)现在很不一样。

c. 나는 너와 달라.

我和(与)你不同。

(157) a. 친구들과 다투면 안 돼.

不能和(与)朋友们打架。

b. 그녀와 처음 만났던 것은 이 바다에서였다.

和(与)她的第一次见面是在这个海边。

c. 나는 중학교 동창생과 결혼했다.

我和(与)中学同学结婚了。

(146)는 행위자의 행위가 영향이 미치는 대상을 나타내는 말에 붙어 '~를 대상으로 삼아'의 뜻을 나타내고 중국어에서 개사 '于'로 표현된다. 이 때 '于'는 '热衷, 寄希望, 擅长, 满足' 류로 표현되는 서술어와 함께 쓰인다. (147)과 (148)은 무엇을 받는 주체를 나타내는 말에 붙어 '~를 받는 대상으로 하여'의 뜻을 나타내고 중국어에서 개사 '给'로 표현된다. 이 때 '给'은 '献, 交, 分' 류로 표현되는 서술어와 함께 쓰인다. (149)는 '쫓기다, 깔리다'류로 표현되는 서술어와 함께 쓰이어 주어에 대해 행위를 미치는 주체를 나타내고 중국어에서 피동 의미를 나타내는 개사 '被'로 표현된다. (150)과 (151)은 관계를 맺거나 관련된 대상을 나타내고 중국어에서 개사 '和(与)'로 표현된다. '和'는 구어와 문어에서 모두 쓰일 수 있는데 '与'는 문어에서만 쓰일 수 있다. 이 때 '和(与)'는 '有关, 相关, 无关' 류로 표현되는 서술어와 함께 쓰인다. (152)는 심리 상태나 인지 상태가 미치는 대상임을 나타내고 중국어에서 장소를 나타내는 개사 '在'로 표현된다. (153)은 '읽히다, 입히다, ~게 하다'등의 사동 표현에 쓰이어 어떠한 행위를 하도록 시킴을 받는 대상을 나타내는 말에 붙어 '~로 하여금', '~가 (~하도록)'의 뜻을 나타낸다. 앞 장에서 제시했듯이 중국어에서는 '让+사람+동사'라는 형식을 취하여 누구에게 무엇을 하게 한다는 사동의미를 나타낸다. 중국어에서 가장 대표적인 사동문으로 꼽히는 것은 '让' 등을 사용하는 겸어문(兼語文)이다. 이러한 구문들은 대부분 사동자(使動

者)가 피동자(被動者)에게 어떤 동작이나 행위를 하라고 지시하거나 명령하는 내용의 것들이다. 그래서 (153)의 '에게'는 중국어 개사 '让'에 대응된다. (154)는 '느끼다, 실망하다'류로 표현되는 서술어와 함께 쓰이어 어떠한 느낌을 가지게 하는 대상을 나타내는 말에 붙어 '~에 대하여'의 뜻을 나타낸다. 이 때의 '에게'는 중국어에서 일반 대상을 나타내는 개사 '对'로 표현된다. 이와 같은 경우에 '对'와 공기하는 동사는 '感到, 产生' 등이 대표적이다. (155)와 (156)은 비교의 대상을 나타내고 중국어에서 주로 개사 '和(与)'로 표현된다. 비교의 대상을 나타내는 개사는 '和(与)'와 '于'가 있는데 '和(与)'는 동사 뒤에 쓰일 수 없는 데 반해, 개사 '于'는 동사 뒤에 쓰일 수 있어 (155)a와 같은 경우에 개사 '于'로 표현된다. (157)은 '사귀다, 만나다, 싸우다'류로 표현되는 서술어와 함께 쓰이어 서로 대칭이 되는 대상임을 나타내는 말에 붙어 '~하고 서로', '~를 상대로 삼아'의 뜻을 나타내고 중국어에서 역시 개사 '和(与)'로 표현된다. 이 때 '和(与)'는 '见面, 结婚, 争吵, 交往, 打架' 류로 표현되는 서술어와 함께 쓰인다.

대상을 나타내는 '에'와 '에게'는 서로 차이가 있다. 그 대상이 유정명사(사람)일 때 '에게'가 쓰이고, 그 대상이 무정명사일 때 '에'가 쓰인다.

(158) a. 동생<u>에게</u> 물을 준다.　　b. 그<u>에게</u> 전화했다.

(159) a. 꽃<u>에</u> 물을 준다.　　b. 문화재를 나라<u>에</u> 기증했다.

예문 (158)에서 보듯이 '동생', '그'와 같은 유정명사가 대상이 될 경우에는 '에게'가 쓰이고, '꽃', '나라'와 같은 무정명사가 대상이 될 경우에는 예문 (159)와 같이 '에'가 쓰인다.

〈그림 9〉에서 제시하는 아홉 가지의 의미는 한국어에서 부사격 조사 '에', '에게', '와/과'로, 중국어에서 개사 '于', '给', '被', '和(与)',

'在', '让', '对'로 표현된다.

'대상'의 의미를 나타내는 데 있어 서로 유의 관계를 보이는 한국어 부사격 조사 '에', '에게', '와/과'는 앞에 연결되는 명사와 뒤에 오는 동사의 성질로 인하여 의미 특성이 일치되지 않아서 용법이 똑같지 않다. 중국어 개사 '于', '给', '被', '和(与)', '在', '让', '对'는 쓰임에 있어 차이도 있어 대부분 경우에 서로 바꾸어서 쓸 수 없다.

이렇게 보면 '대상'의 의미기능을 보이는 문장에서 한국어 부사격 조사도 중국어 개사도 유의관계를 보이는 두 가지 이상의 부사격 조사, 개사가 동원되어야만 서로 대응이 가능하다.

4.9. 기준

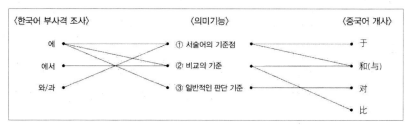

〈그림 10〉 '기준'의 의미기능을 담당하는 한국어 부사격 조사와 중국어 개사

(160) a. 그 학생의 답안은 정답에 가까웠다.
    那个学生的答案接近于正确答案。
  b. 그는 거의 고함에 가까운 소리로 노래를 부르고 있다.
    他用接近于高喊的声音在唱歌。
  c. 그런 행동은 예의에 벗어난다.
    那样的行为有悖于礼仪。

(161) a. 넥타이 색이 양복과 잘 어울린다.
    领带的颜色和(与)西服很配。
  b. 저 사람은 나와 잘 맞는다.
    那个人和(与)我很合拍。

(162) a. 금전도 명예도 외모도 사랑에 비길 만한 것은 못 됩니다.

金钱，名誉，外貌都不能和(与)爱情相比。

b. 나아가 자연은 동식물에 비교해야 한다.

今后应该将自然和(与)动植物作比较。

(163) a. 여기에서 더 나빠질 수는 없겠지.

不会有比这里更糟糕的了。

b. 이에서 더 큰 사랑이 없다.

没有比这更宽大的爱了。

c. 지금 성적에서 더 떨어지지 않도록 열심히 공부해야 한다.

为了不要比现在的成绩更差，应该努力学习了。

(164) a. 몸에 좋은 약

对身体好的药

b. 이 약은 감기에 잘 듣는다.

这种药对感冒很有效。

c. 이것은 학습에 도움이 되는 책이다.

这是对学习有帮助的书。

(160)과 (161)은 서술어의 기준점을 나타내고 중국어에서 개사 '于', '和(与)'로 표현된다. 이것은 역시 서술어 동사에 따라 사용되는 개사가 다르기 때문이다. 즉, 서술어가 '接近(가깝다)', '有悖(벗어나다)', '脱离(벗어나다)'류의 동사이면 이런 동사 뒤에 개사 '于'가 쓰이고 서술어가 '搭配(어울리다)', '合拍(맞다)'류의 동사이면 개사 '和(与)'로 표현된다. (162)와 (163)은 비교의 기준을 나타낸다. (162)는 '비기다, 비교하다, 비유하다'류로 표현되는 서술어와 함께 쓰이어 '~과 비교하여'의 뜻을 나타내고 중국어에서 개사 '和(与)'로 표현된다. (163)은 '~보다'의 뜻을 나타내고 (162)와 달리 차등 비교를 나타낸다. 이러한 경우 중국어에서 개사 '比'로 표현되는데 항상 '更'과 아울러 쓰인다. (164)는 일반적인 판단 기준을 나타내고 중국어 개사 '对'로 표현된다.

〈그림 10〉에서 제시하듯이 '기준'의 의미를 나타내는 데 한국어

부사격 조사 '에'의 의미기능 부담량이 가장 많고 의미장도 가장 넓다. 중국어에서는 많은 경우에 서술어에 따라 각각 다르게 표현한다.

'기준'의 의미를 나타내는 데 있어 서로 유의 관계를 보이는 중국어 개사 '于', '和(与)', '对', '比'는 구문적인 계약관계로 인하여 의미 특성이 일치되지 않아서 용법이 똑같지 않다.

이렇게 보면 '기준'의 의미기능을 보이는 문장에서 한국어 부사격 조사도 중국어 개사도 유의관계를 보이는 두 가지 이상의 부사격 조사, 개사가 동원되어야만 서로 대응이 가능하다.

4.10. 상황

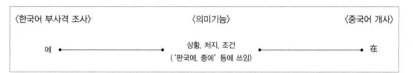

〈그림 11〉 '상황'의 의미기능을 담당하는 한국어 부사격 조사와 중국어 개사

> (165) a. 남들이 다 떠나가는 판국에 그만 혼자 쓸쓸히 남아 있었다.
> 在其他人都离开的情况下，只有他一个人留了下来。
> b. 막내는 다섯 아이 중에 유달리 애를 태운 아이였다.
> 在五个孩子中，最小的孩子是最让人操心的。
> c. 이런 일이 생긴 마당에 내가 도와 줄 수 있는 방법이 없다니…
> 在发生这种事情的情况下，我居然帮不上忙……

〈그림 11〉에서 제시하듯이 '상황, 처지, 조건'의 의미를 나타내는 데 한국어에서는 부사격 조사 '에', 중국어에서는 장소를 나타내는 개사 '在'로 표현한다.

이렇게 보면 '상황'의 의미기능을 보이는 문장에서 한국어 부사격 조사와 중국어 개사는 단독으로 대응될 수 있다. 이것은 '상황'을 나타내는 문장에서 '에'와 '在'의 의미기능 부담량은 같고 의미장의 넓이도 같다고 볼 수 있다.

4.11. 출발점

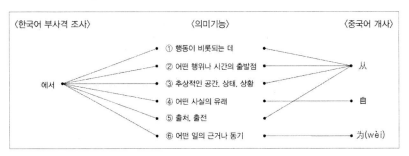

〈그림 12〉 '출발점'의 의미기능을 담당하는 한국어 부사격 조사와 중국어 개사

(166) a. 어제 북경에서 출발했다.

　　　昨天从北京出发了。

　　b. 어느 나라에서 오셨어요?

　　　从哪个国家来的?

　　c. 학교에서 몇 시에 집에 갑니까?

　　　几点从学校回家?

　　d. 세 시에서 다섯 시까지

　　　从三点到五点

(167) a. 오후로 접어들자 하늘에서 희끗희끗 눈발이 비쳤다.

　　　刚到下午就从天上掉下了零星雪花。

　　b. 핸드백에서 흰 봉투를 꺼냈다.

　　　从手袋里拿出白封信。

(168) a. 그는 파산에서 재기하였다.

　　　他从破产中再次崛起。

　　b. 그는 이제 고생에서 벗어났다.

　　　他现在从苦难中解脱了出来。

(169) a. 이 책에서 얻은 교훈이 뭐니?

从这本书中得到的教训是什么?

b. 그의 말에서 이 사실을 알았다.

从他的话里知道了这个真相。

(170) a. 그 말은 이 고사에서 유래하였다.

那句话是出自这个故事。

b. 그 전설에서 이런 풍습이 생겼다.

这样的风俗出自那个传说。

(171) a. 혁명을 위하여 더 많이 이바지하겠다는 생각에서 이 일을 벌려놓았
던 것이다.

开展这项工作是为革命多做贡献。

b. 나는 학생들의 학습을 도와주어야 하겠다는 마음에서 기숙사로 갔다.

我是为帮助同学们的学习, 才到宿舍去的。

c. 고마운 마음에서 선물을 준비했으니 거절하지 말아 주세요.

为表示感谢而准备了礼物, 请不要拒绝。

(166)은 어떤 행위나 시간의 출발점을 나타내는 말에 붙어 '~로부
터', '~를 출발/시작 지점으로 하여'의 뜻을 나타낸다.[8] (167)은 행동이
비롯되는 곳을 나타낸다. (168)은 추상적 공간, 상태, 상황을 나타낸다.
(169)는 출처나 출전을 나타낸다. (166)~(169)의 '에서'는 모두 중국어
개사 '从'으로 표현된다. 이 때 '从'은 '来, 出发, 出来, 得到, 出去' 류로
표현되는 서술어와 함께 쓰인다. (170)은 '어떤 사실의 유래'를 나타내
고 중국어에서 개사 '自'로 표현된다. 이 때 '自'는 '来, 出' 류로 표현되
는 서술어와 함께 쓰인다. (171)은 어떤 일의 근거나 동기를 나타내는
말에 붙어 '~가 동기가 되어'의 뜻을 나타내고 중국어에서 '목적'을
나타내는 개사 '为(wèi)'로 표현된다.

---

8) 허용(2001: 376): '부터' 대신에 항상 '에서(부터)'를 교체하여 사용할 수 있는 것은
아니다. 첫째, '전, 후'와 같은 말 다음에는 '에서'가 아닌 '부터'를 사용한다. 둘째,
시작 시점이 숫자로 명확하게 표시되지 않은 경우는 '에서'를 사용할 수 없다.

한국어에서는 부사격 조사 '에서'만으로 '어떤 행위나 시간의 출발점', '행동이 비롯되는 곳', '추상적인 공간, 상태, 상황', '출처, 출전', '어떤 사실의 유래', '어떤 일의 근거나 동기' 여섯 가지 의미를 모두 나타낼 수 있는데 중국어에서는 개사 '从', '自', '为(wèi)'로 나타낸다.

'출발점'의 의미를 나타내는 데 있어 서로 유의 관계를 보이는 중국어 개사 '从', '自', '为(wèi)'는 의미적 제약관계로 인하여 의미 특성이 일치되지 않는다.

이러한 사실을 고려할 때 '출발점'의 의미기능을 보이는 문장에 쓰인 중국어 개사 '从', '自', '为(wèi)' 가운데 어느 하나만으로 한국어 부사격 조사 '에서'에 대응되지 못한다.

이렇게 보면 '출발점'의 의미기능을 보이는 문장에서 한국어 부사격 조사 '에서'는 단독으로 중국어 개사 '从', '自', '为(wèi)'에 대응될 수 있지만, 중국어 개사 '从', '自', '为(wèi)'는 함께 동원되어야만 비로소 한국어 부사격 조사 '에서'에 대응될 수 있다. 이에 '출발점'의 의미기능을 담당하는 한국어 부사격 조사 '에서'는 중국어 개사 '从', '自', '为(wèi)'보다 의미기능의 부담량이 많고 의미장도 넓다는 것을 알 수 있다.

4.12. 주체

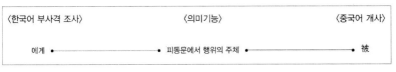

〈그림 13〉 '주체'의 의미기능을 담당하는 한국어 부사격 조사와 중국어 개사

(172) a. 너에게 잡힌 물고기가 어디 있어?
　　　　被你抓到的鱼在哪儿呢?
　　　b. 그는 다행히도 지나가는 사람에게 발견되었다.
　　　　很幸运, 他被路过的人发现了。

c. 이 비밀은 마침내 그에게 들켰다.

这个秘密终于被他发现了。

〈그림 13〉에서 제시하듯이 '피동문에서 행위의 주체'의 의미를 나타내는데 한국어에서는 부사격 조사 '에게', 중국어에서는 개사 '被'로 표현한다.

이렇게 보면 '피동문에서 행위의 주체'의 의미기능을 보이는 문장에서 한국어 부사격 조사와 중국어 개사는 단독으로 대응될 수 있다. 이것은 '피동문에서 행위의 주체'를 나타내는 문장에서 '에게'와 '被'의 의미기능 부담량은 같고 의미장의 넓이도 같다고 볼 수 있다.

4.13. 주어에 행위를 가하는 자

〈그림 14〉 '주어에 행위를 가하는 자'의 의미기능을 담당하는 한국어 부사격 조사와 중국어 개사

(173) a. 나는 친구에게 이 책을 빌렸다.

我从朋友那儿借了这本书。

b. 나는 김 선생님에게 한국어 책 한 권을 받았다.

我从金老师那儿收到了一本韩国语书。

c. 오늘 생일이라 친구들에게 선물을 많이 받았어요.

今天是我的生日，所以从朋友那儿收到了很多礼物。

〈그림 14〉에서 제시하듯이 '주어에 행위를 가하는 자'의 의미를 나타내는데 한국어에서는 부사격 조사 '에게9)', 중국어에서는 개사

9) 이런 경우에 '에게'는 '에게서'로 바꿔 쓸 수 있다. (국립국어원 2010: 567) 참조.
① 저는 아직도 부모님에게서 용돈을 받아요.
② 이 선생님에게서 한국말을 배웠어요.

'从'로 표현한다.

　이렇게 보면 '주어에 행위를 가하는 자'의 의미기능을 보이는 문장에서 한국어 부사격 조사와 중국어 개사는 단독으로 대응될 수 있다. 이것은 '주어에 행위를 가하는 자'를 나타내는 문장에서 '에게'와 '从'의 의미기능 부담량은 같고 의미장의 넓이도 같다고 볼 수 있다.

　지금까지 한국어 부사격 조사와 중국어 개사의 대응관계를 살펴보았다. 의미기능별로 한국어 부사격 조사와 중국어 개사의 대응관계를 〈그림 15〉와 같이 정리하였다.

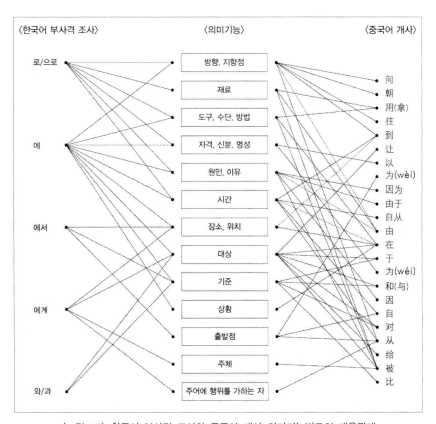

〈그림 15〉 한국어 부사격 조사와 중국어 개사 의미기능별로의 대응관계

이 많은 의미기능 중에 '재료', '자격, 신분, 명성', '출발점' 세 가지 의미기능을 보이는 문장에서 한국어는 하나의 부사격 조사로 표현될 수 있는데 중국어는 두 개 혹은 그 이상인 개사로 표현된다. 즉, 이 세 가지 의미기능을 보이는 문장에서 하나의 부사격 조사는 단독으로 여러 개의 중국어 개사에 대응될 수 있다. 이에 이 세 가지 의미기능을 담당하는 한국어 부사격 조사는 중국어 개사보다 의미기능의 부담량이 많고 의미장도 넓다는 결론을 내릴 수 있다.

'장소, 위치'를 보이는 문장에서 한국어에서는 '에', '에서', '에게'로 표현되는데, 중국어에서는 개사 '在'는 단독으로 표현될 수 있다. 즉, '장소, 위치'의 의미기능을 보이는 문장에서 한국어 부사격 조사 '에', '에서', '에게'가 중국어 개사 '在'에 대응될 수 있지만, '在'는 단독으로 '에', '에서', '에게'에 대응될 수 있다. 이에 '장소, 위치'의 의미기능을 담당하는 중국어 개사 '在'는 한국어 부사격 조사 '에', '에서', '에게'보다 의미기능의 부담량이 많고 의미장도 넓다는 결론을 얻을 수 있다.

'상황', '주체', '주어에 행위를 가하는 자' 세 가지 의미기능을 보이는 문장에서 한국어 부사격 조사와 중국어 개사 단독으로 대응될 수 있다. 이는 이 세 가지 의미기능을 담당하는 부사격 조사와 중국어 개사의 의미기능 부담량은 같고 의미장의 넓이도 같다고 볼 수 있다.

나머지 의미기능을 보이는 문장에서 한국어에서도 중국어에서도 모두 두 가지 또는 두 가지 이상의 부사격 조사와 개사로 표현된다. 다시 말하면, 이와 같은 의미기능을 보이는 문장에서 한국어 부사격 조사도, 중국어 개사도 유의 관계를 보이는 두 가지 또는 두 가지 이상의 부사격 조사, 개사가 서로 대응된다.

〈그림 15〉를 통해서 얻은 결론은 다음과 같다.

1. 〈그림 15〉에서 제시하는 13가지 의미기능을 한국어에서는 '로/으로', '에', '에서', '에게', '와/과' 다섯 개 부사격 조사로 나타내는데 중국어에서는 '到', '向', '朝', '和(与)', '用(拿)', '让', '以', '由于', '在', '对', '给', '被', '让', '比' 등의 23개의 개사로 나타낸다. 이는 한국어 조사는 의미기능상 포괄적인 다의성을 지니고 있는데 반해, 중국어 개사는 기능상 보다 분화되었다고 말할 수 있다.
2. 한국어 부사격 조사와 중국어 개사의 의미기능은 비슷하지만 서로 간의 1:1 대응이 많지 않았다. 이는 통사적, 의미적인 제약관계나 화용적인 차이에서 기인되는 제약으로 인하여 대부분 경우에 한국어 부사격 조사와 중국어 개사가 단독으로 완벽히 대응될 수 없다고 말할 수 있다.
3. 같은 의미기능에 있어 여러 가지 의미를 보이는 경우에 한국어 부사격 조사도, 중국어 개사도 유의관계를 보이는 두 가지 혹은 그 이상의 부사격 조사, 개사가 동원되어야만 서로 대응이 가능한 경우가 많았다.
4. 한국어 부사격 조사와 중국어 개사가 모두 여러 가지 의미기능을 보이고 있지만, 각 의미기능을 보이는 모든 문장에 걸쳐서 쓰이지는 못한다.

제5장

중국인 한국어 학습자의
부사격 조사에 대한
오류 분석과 교육 방안

지금까지 대조언어학적으로 한국어 부사격 조사와 중국어 개사의 대응 관계를 검토하였다. 대조분석을 하는 최종 목적은 외국어 교육에 응용되는 것이라고 생각한다. 대조분석이 성실하게 이루어져야만이 학습자들이 외국어를 학습할 때 어떤 내용을 어려워하는지를 제대로 파악할 수 있을 것이다. 다시 말하면 학습자 모국어와 목표어의 대조분석의 목적은 외국어 교육을 위한 것이고, 이와 같은 대조분석은 또한 외국어 교육의 기초 연구라고 말할 수 있다.

이와 같은 점을 고려하여 본 장에서는 제3장과 제4장에서 제시된 한국어 부사격 조사와 중국어 개사의 대조분석 결과를 바탕으로 중국인 한국어 학습자에 대한 부사격 조사의 교육 방안을 검토하고자 한다.

중국인 한국어 학습자에게 더 효과적으로 한국어를 교육하려면 학습자가 한국어를 사용하는 데 나타나는 오류에 관한 연구가 꼭 필요하다.

오류에 관한 정의는 학자들에 따라 차이가 있다. Brown(2000)은 '원어민의 성인 문법으로부터 현저하게 일탈된 것으로 학습자의 중간언어[1] 능력을 반영하는 것'이라고 정의하고 있다. Corder(1981)는 규칙

---

1) 양진규(1994: 229~230)에서는 중간언어의 특징을 다음과 같이 정리하였다. 첫째, 목표어 화자의 언어는 목표어 화자가 생산하는 것과 거의 일치를 하지 않고 또 모국어의 정확한 번역도 아니며 체계적인 방식에서 목표어와 다르게 목표어 화자의 생산된 발화는 임의적인 것도 아니다. 둘째, 중간어의 두드러진 특징은 중간어가 본래 언어학적 체계로써 다소 불완전하고 유동의 상태라 하겠다. 그래서 중간어의 내부적 체계성에 부적합한 중간어 체계에 침투 혹은 중간어 규칙의 과대 일반화나 왜곡은 다른 자연 언어와 다른 중간어로써 정의되는 중간어의 특징이기에 이러한 침투나 과대 일반화가 허용되는 중간어의 특징을 침투성이라고 한다. 셋째, 일부 학습자들은 그들의 중간어를 정체 상태에서 동결한다. 그러나 그들의 언어학적 진화를 목표어 규범 쪽으로 진행시킨다. 이것을 역행이라고 한다. 넷째, 시간적으로 볼 때 어떤 시점의 중간어 체계성이다. 이것은 주어진 기회에서 문법적 규칙에 의해서 예상될 수 있는 말의 자질을 의미하지는 않는다. 목표어 학습자가 구사하는

성과 불규칙성을 기준으로 언어 수행상에 나타나는 잘못을 실수(mistake), 잠재능력에서 저질러진 잘못을 오류(error)로 구분한다. 그는 실수는 착오나 신체적 조건하에서 또는 우연히 일어나는 잘못으로 화자가 즉시 알 수 있고 체계적인 것이 되지 못하는 반면, 오류는 언어의 기본 지식을 변칙적으로 나타내는 것으로 체계를 형성하는 것이라고 구분하였다.

Hussein(1971)은 실언(slip of the tongue), 실수(mistake), 오류(error)에 대한 정의를 다음과 같이 밝히고 있다. 첫째, 실언은 학습자가 언어 생성 후 자신의 잘못을 즉시 깨닫고 본인 스스로 올바른 형식으로 교정할 수 있으며, 이는 기억의 일탈이나 피곤한 육체적, 감정적 상태에 따라 일시적으로 나타난다. 둘째, 실수는 학습자에게 자신의 실수를 알려 주면 그것을 인지할 수는 있으나, 자신의 실수를 반드시 스스로 교정할 수 있는 것은 아니며, 어떤 부분이 잘못되었는지는 스스로 인지할 수 있다. 셋째, 오류는 학습자에게 잘못된 부분을 알려 주어도 학습자는 무엇이 잘못되었는지 알지 못하며 스스로 교정도 할 수 없다.[2]

이상의 학자들의 견해를 종합해 보면 오류는 학습자가 알고 있는 문법 규칙이 목표어의 성인이 가지고 있는 규칙과 다르기 때문에 생기고 자기 스스로는 맞다고 생각하며 나름대로의 규칙성이 있다. 다시 말하면 오류는 외국어를 공부하는 학습자라면 누구나 경험하게 되는 중간언어 단계에서의 언어 능력 부족에 그 원인이 있다고 할 수 있다.

본 장에서는 중국인 한국어 학습자에 대한 설문조사를 바탕으로 중국인 학습자들이 한국어 부사격 조사를 사용하는 데 나타난 오류의 양상을 살펴보고, 이들 오류들이 발생하는 원인을 분석함으로써 학습

언어는 결국 발달 과정에 있으며 여기서 체계성은 의미를 표현하려고 시도하는 목표어 자료의 처리 과정과 연계된 인지적 활동이라고 한다.
2) 박소영(2008) 참조.

자의 오류를 줄이는 효율적인 교육 방안을 제시하고자 한다.

설문은 2019년 3월 말에서 4월 중순 사이에 1차적으로 예비 조사를 거쳐 본 설문을 진행하였다. 1차 조사는 중국 산동대학교에 재학 중인 중국인 한국어 학습자 50명을 대상으로 연구자가 기대되는 결과가 나오는지를 확인하기 위한 것이다. 그리고 2차 조사는 2019년 5월에 1차 조사를 보완 수정한 설문지로 2차례에 걸쳐 산동대학교에 재학 중인 중국인 한국어 학습자 110명을 대상으로 작성된 설문지에 응답하는 형식으로 설문을 진행하였다. 설문지는 각 부사격 조사의 의미기능별로 40개 문제를 선정하였고, 제시된 조사 중에서 알맞은 조사를 선택하여 빈칸을 채우라는 문제 형태로 하였다. 조사 대상 학생들은 중국 북경, 길림성, 요녕성, 하남성, 산동성 등 지역에서 왔고 태어나면서부터 모국어인 중국어를 사용하였다. 연령은 모두 20대이며 남자 54명, 여자 56명을 대상으로 이루어졌다. 단계별로 한국어 학습 기간이 1년 이하인 초급 단계의 학습자는 35명, 한국어 학습 기간이 1년~2년인 중급 단계의 학습자는 40명, 한국어 학습 기간이 2년 이상인 고급 단계의 학습자는 35명으로 구성된다.

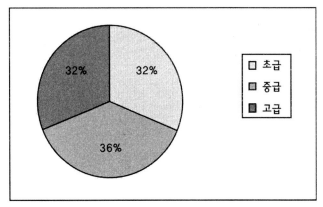

〈그림 16〉 조사 대상 학습자 등급별 분포

5.1. 오류의 통계적 분석

5.1.1. 조사 '로/으로'

한국어 학습자의 조사 '로/으로'의 각 의미기능 중 가장 먼저 습득되는 항목은 '방향, 지향점'이다. 이는 개념 인식이 용이하고 초기에 학습이 이루어지면 사용 빈도가 높기 때문일 것으로 추정된다.

문항: 2) 우체국은 어느 쪽_____ 갑니까?

		로/으로	에	에서	에게	와/과	을/를	ø
초급	빈도	26	9	0	0	0	0	0
	비율	74%	26%					
중급	빈도	33	7	0	0	0	0	0
	비율	83%	17%					
고급	빈도	32	3	0	0	0	0	0
	비율	91%	9%					

문항: 3) 길이 안쪽_____ 굽더니 갑자기 넓어졌다.

		로/으로	에	에서	에게	와/과	을/를	ø
초급	빈도	16	10	7	0	0	0	2
	비율	46%	29%	20%				5%
중급	빈도	21	12	3	0	0	0	4
	비율	52%	30%	8%				10%
고급	빈도	26	5	3	0	0	0	1
	비율	74%	14%	9%				3%

문항: 32) 우리는 뒷문_____ 빠져나갔다.

		로/으로	에	에서	에게	와/과	을/를	ø
초급	빈도	23	1	11	0	0	0	0
	비율	66%	3%	31%				
중급	빈도	29	2	9	0	0	0	0
	비율	73%	5%	22%				
고급	빈도	32	1	2	0	0	0	0
	비율	91%	3%	6%				

위의 문항 2), 3)은 모두 '방향' 의미기능에 대해서 설계한 문제이다.

모든 단계에서 의미기능이 비슷한 부사격 조사 '에'로 대치되는 오류가 나타난다. 제4장에서 제시했듯이 장소의 이동을 의미하는 경우, '로/으로'와 '에' 두 조사는 '가다, 오다, 돌아가다, 다니다' 등의 동사를 모두 쓸 수 있는데 '로/으로'는 이동의 방향을 나타내고 '에'는 목적지를 나타낸다. 학습자는 이와 같은 차이점을 인식하지 못해서 이러한 대치 오류를 나타낸 것으로 추정할 수 있다. 그리고 조사 '로/으로'는 '방향'을 나타낼 때 결합되는 서술어는 주로 '가다, 오다'류 동사이므로 문항 3)의 '굽다'와 같은 다른 동사가 오면 학습자는 더 많은 오류를 생산한다.

문항 32)는 '경로'를 나타내는 문제인데 초급과 중급 단계의 학습자는 조사 '에서'로 대치되는 오류가 많이 보인다. 제4장에서 제시했듯이 중국어에서 '경로'를 나타내는 개사 '从'과 '由'는 '经过(지나다), 走过(건너다)'류로 표현되는 서술어와 함께 쓰인다. 하지만 이 문장의 서술어 '빠져나갔다(出去)'는 '출발점'을 나타내는 중국어 개사와 함께 쓰이는 동사라서 학습자는 '출발점'을 나타내는 한국어 부사격 조사 '에서'를 선택한 것으로 추정된다. 이 외에 초급과 중급 단계에서 '으로'와 '로'의 이형태 대치 오류도 나타났다.

아래 〈그림 17〉은 중국인 한국어 학습자의 단계별로 부사격 조사 '로/으로'의 '방향, 지향점' 의미기능에 대한 사용 정확도를 보여 주고 있다. 사용 정확도는 급수가 올라갈수록 높아지는 경향을 보였는데, 초급과 중급의 정확도에 있어서는 큰 차이가 없음을 나타내고 있다.

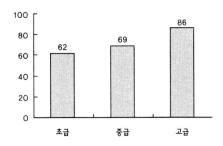

〈그림 17〉 '방향, 지향점' 의미기능의 사용 정확도

문항: 12) 그는 늘 웃는 얼굴_____ 사람들을 대한다.

		로/으로	에	에서	에게	와/과	을/를	ø
초급	빈도	27	0	0	0	0	8	0
	비율	77%					23%	
중급	빈도	35	0	0	0	0	5	0
	비율	88%					12%	
고급	빈도	35	0	0	0	0	0	0
	비율	100%						

문항 12)는 '방식, 양상' 의미기능에 대해서 설계한 문제이다. 모든 단계의 학습자들은 부사격 조사 '로/으로'를 선택하였는데 '으로'와 '로'의 이형태 오류가 많이 나타낸다. 이것은 일반 음운 규칙을 특수한 음운 환경에서 적용해서 나타낸 오류일 것으로 추정된다. 초급과 중급 학습자 중에 '를/을'로의 대치 오류도 눈에 띈다. 이것은 '웃는 얼굴로'를 중국어로 표현하는 데 '以笑脸'에서 '笑脸(웃는 얼굴)'은 목적어로 착각해서 학습자는 목적격 조사 '를/을'을 선택했을 것으로 판단된다.

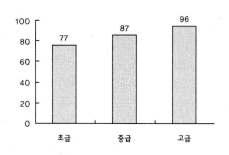

〈그림 18〉 '방식, 양상' 의미기능의 사용 정확도

문항: 14) 볼펜_____ 글을 쓰세요.

		로/으로	에	에서	에게	와/과	을/를	ø
초급	빈도	30	0	0	0	0	5	0
	비율	86%					14%	
중급	빈도	36	0	0	0	0	3	1
	비율	90%					7%	3%
고급	빈도	35	0	0	0	0	0	0
	비율	100%						

문항: 18) 나무_____ 책상을 만든다.

		로/으로	에	에서	에게	와/과	을/를	ø
초급	빈도	28	0	0	0	0	5	2
	비율	80%					14%	6%
중급	빈도	35	0	0	0	0	5	0
	비율	87%					13%	
고급	빈도	35	0	0	0	0	0	0
	비율	100%						

문항: 21) 난 택시_____ 갈 거야.

		로/으로	에	에서	에게	와/과	을/를	ø
초급	빈도	27	0	0	0	0	8	0
	비율	77%					23%	
중급	빈도	34	0	0	0	0	6	0
	비율	85%					15%	
고급	빈도	35	0	0	0	0	0	0
	비율	100%						

위의 문항 14)는 '도구'를 나타내고, 문항 18)은 '재료'를 나타낸다. 이 경우 또한 이형태를 구별하지 못해서 일어난 대치 오류를 보이고 목적격 조사 '를/을'로의 대치 오류도 보인다. 이것은 또한 '볼펜으로', '나무로'를 중국어로 표현하는 데 '用圆珠笔', '用木头'의 '用'은 동사로 보고 '圆珠笔(볼펜)', '木头(나무)'를 모두 목적어로 착각해서 학습자는 목적격 조사 '를/을'을 선택한 것으로 판단된다.

문항 21)은 '수단'을 나타내는데 또한 이형태와 목적격 조사 '를/을'로의 대치오류가 나타낸다. 이것은 '난 택시로 갈 거야'의 중국어 표현인 '我坐出租车去'의 '出租车(택시)'는 동사 '坐(타다)'뒤에 위치해서 학습자는 '出租车(택시)'를 목적어로 보기 때문에 목적격 조사 '를/을'을 선택한 것으로 추정된다.

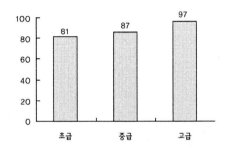

〈그림 19〉'재료, 도구, 수단' 의미기능의 사용 정확도

문항: 22) 물이 수증기_____ 변한다.

		로/으로	에	에서	에게	와/과	을/를	ㅇ
초급	빈도	21	0	0	0	0	14	0
	비율	60%					40%	
중급	빈도	31	0	0	0	0	9	0
	비율	78%					22%	
고급	빈도	33	0	0	0	0	2	0
	비율	94%					6%	

문항 22)는 '변화, 변성' 의미기능에 대한 문제이다. 제3장에서 제시했듯이 '로/으로'가 '변화, 변성'을 나타낼 때 중국어 동사 '成'에 대응한다. '수증기로 변한다'를 중국어로 표현할 때 '变成水蒸汽'에서 '水蒸汽(수증기)'는 동사 '成'뒤에 위치하여 목적어로 표현되기 때문에 이 경우에 역시 목적격 조사 '를/을'로의 대치 오류가 많이 나타낸다.

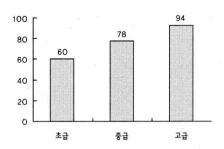

〈그림 20〉'변화, 변성' 의미기능의 사용 정확도

문항: 17) 저도 당신을 형님_____ 부르겠습니다.

		로/으로	에	에서	에게	와/과	을/를	∅
초급	빈도	30	0	0	0	0	5	0
	비율	86%					14%	
중급	빈도	37	0	0	0	0	3	0
	비율	93%					7%	
고급	빈도	35	0	0	0	0	0	0
	비율	100%						

문항: 33) 파리는 에펠탑_____ 유명하다.

		로/으로	에	에서	에게	와/과	을/를	∅
초급	빈도	28	0	0	0	0	0	7
	비율	80%						20%
중급	빈도	35	0	0	0	0	0	5
	비율	88%						12%
고급	빈도	35	0	0	0	0	0	0
	비율	100%						

위의 문항들은 '자격, 신분, 명성' 의미기능에 대한 문제이다. 문항 17)은 '명칭'을 나타낸다. 여기서 고급 단계의 학습자는 이해도가 높은데 반해 초급, 중급 단계의 학습자는 위와 같이 중국어 표현의 영향으로 주로 목적격 조사 '를/을'로의 대치 오류를 나타낸다.

문항 33)은 '명성'을 나타내는데 생략오류가 많이 나타낸다. 이것은 학습자가 '로/으로'의 '명성' 의미기능에 대한 인식이 부족해서 범한 오류인 것으로 추정된다.

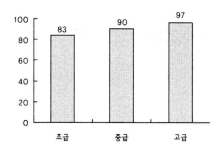

〈그림 21〉 '자격, 신분, 명성' 의미기능의 사용 정확도

문항: 7) 어머니는 그를 나의 남자 친구_____ 생각해 두셨다.

		로/으로	에	에서	에게	와/과	을/를	ø
초급	빈도	29	0	0	0	0	4	2
	비율	83%					11%	6%
중급	빈도	37	0	0	0	0	2	1
	비율	93%					5%	2%
고급	빈도	35	0	0	0	0	0	0
	비율	100%						

문항 7)은 '판단' 의미기능에 대한 문제이다. 이것은 '자격, 신분, 명성' 의미기능의 사용 상황과 비슷하게 모든 단계의 학습자는 이 문제를 잘 맞히었다. 설문지 12번 문제, 즉 '각 부사격 조사가 나타내는 의미를 아는 대로 써 주십시오'의 응답 상황을 보면 대부분 초급과 중급 학습자는 '판단'의 의미를 쓰지 않았는데도 불구하고 의외로 이 문제를 잘 맞히었다. 이것은 문항 7) 중의 '남자 친구'를 '자격, 신분'으로 판단해서 부사격 조사 '로/으로'를 선택했을 가능성이 있을 것으로 추정된다.

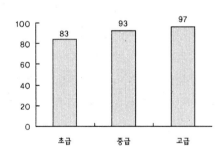

〈그림 22〉 '판단' 의미기능의 사용 정확도

문항: 20) 감기_____ 고생하고 있어.

		로/으로	에	에서	에게	와/과	을/를	ø
초급	빈도	21	14	0	0	0	0	0
	비율	60%	40%					
중급	빈도	31	9	0	0	0	0	0
	비율	78%	22%					
고급	빈도	31	4	0	0	0	0	0
	비율	89%	11%					

문항 20)은 '원인, 이유' 의미기능에 대한 문제이다. 여기서 조사 '에'로의 대치 오류가 빈번히 발생했다. 제4장에서 제시했듯이 '원인, 이유'를 나타내는 데 '에'는 앞에 오는 명사가 직접적이고 실제의 사물에 의한 원인인 경우에 쓰이고, '로/으로'는 전체적인 영향을 끼치는 원인인 경우에 쓰인다. 학습자는 이러한 인식이 없어서 조사 '에'로의 대치 오류가 발생했을 것으로 추정된다.

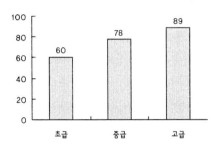

〈그림 23〉 '원인, 이유'
의미기능의 사용 정확도

　이상으로 부사격 조사 '로/으로'의 의미기능별로 학습자의 사용 실태를 살펴보았다. 〈그림 24〉는 각 의미기능의 사용 정확도를 종합적으로 보여 주고 있다. 급수가 올라갈수록 정확도는 높아지는 경향을 보였는데 의외로 아주 대표적인 의미기능의 사용 정확도는 오히려 낮다. 어떤 의미기능에 대해서 학습자들은 익숙하지 않다고 생각했는데 이런 문제들을 오히려 잘 맞히었다.

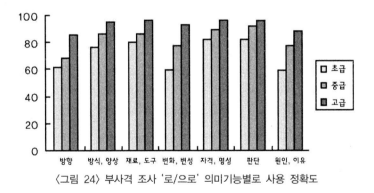

〈그림 24〉 부사격 조사 '로/으로' 의미기능별로 사용 정확도

5.1.2. 조사 '에'

한국어 학습자에게서 조사 '에'의 각 의미기능 중 가장 먼저 학습되는 항목은 '장소'이다. 이는 개념 인식이 용이하고 초기에 학습이 이루어지면 사용 빈도도 높기 때문일 것으로 추정된다.

문항: 25) 사진_____ 아버지, 어머니, 저와 여동생이 있습니다.

		로/으로	에	에서	에게	와/과	을/를	∅
초급	빈도	0	26	9	0	0	0	0
	비율		74%	26%				
중급	빈도	0	34	6	0	0	0	0
	비율		85%	15%				
고급	빈도	0	34	1	0	0	0	0
	비율		97%	3%				

문항: 26) 문_____ 붙은 메모지를 발견했다.

		로/으로	에	에서	에게	와/과	을/를	∅
초급	빈도	0	24	11	0	0	0	0
	비율		69%	31%				
중급	빈도	0	32	8	0	0	0	0
	비율		80%	20%				
고급	빈도	0	32	3	0	0	0	0
	비율		91%	9%				

문항 25), 26)은 부사격 조사 '에'의 '장소, 자리' 의미기능에 대한 문제들이다. 제4장에서 제시했듯이 중국어에서 '장소, 위치'를 나타나는 명사 앞에 '在'를 사용하는데 '在'는 한국어의 조사 '에'와 '에서'로 대응될 수 있다. 때문에 여기서 조사 '에서'로의 대치 오류가 많이 나타난다. '장소'를 나타나는 '에'는 주로 이동을 나타내는 동사들과 결합하고, '에서'는 동작을 나타내는 동사와 결합된다. '에'는 동작이나 상태가 나타나는 지점을 가리키는 데 반해, '에서'는 동작이 벌어지는 자리를 나타낸다. 학습자들은 이러한 차이에 대한 인식이 부족해서 이와 같은 오류가 많이 나타난 것으로 추정된다.

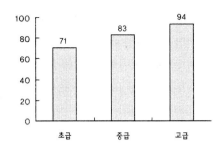

〈그림 25〉 '장소' 의미기능의 사용 정확도

문항: 35) 언어학도 인문 과학_____ 포함된다.

		로/으로	에	에서	에게	와/과	을/를	∅
초급	빈도	0	25	10	0	0	0	0
	비율		71%	29%				
중급	빈도	0	35	5	0	0	0	0
	비율		88%	12%				
고급	빈도	0	34	1	0	0	0	0
	비율		97%	3%				

문항: 39) 어머니는 아침마다 꽃_____ 물을 줍니다.

		로/으로	에	에서	에게	와/과	을/를	∅
초급	빈도	0	29	0	6	0	0	0
	비율		83%		17%			
중급	빈도	0	34	0	6	0	0	0
	비율		85%		15%			
고급	빈도	0	33	0	2	0	0	0
	비율		94%		6%			

문항: 40) 그는 텔레비전을 보는 일_____ 열중하고 있다.

		로/으로	에	에서	에게	와/과	을/를	∅
초급	빈도	0	28	0	0	0	7	0
	비율		80%				20%	
중급	빈도	0	35	0	0	0	5	0
	비율		88%				12%	
고급	빈도	0	34	0	0	0	1	0
	비율		97%				3%	

문항 35), 39), 40)은 모두 부사격 조사 '에'의 '대상' 의미기능에 대해서 설계한 문제들이다. '대상'은 어떤 행동이 이루어지는 환경이나 조건이 되는 동작이 일어나는 목표 대상을 나타내는 것이다. 문항 35)는 '행동이나 상태의 한정된 범위'를 나타내고, '인문 과학에 포함된다'를 중국어로 표현할 때 '被包含在人文科学中'에서 조사 '에'는 '장소'를 나타내는 중국어 개사 '在'로 표현되어 있기 때문에 학습자는 '인문 과학'을 '포함되는 장소'로 보고 조사 '에서'로의 대치 오류가 많이 나타났다. 문항 39)는 '무엇을 받는 주체'를 나타내고, 조사 '에게'로의 대치 오류가 많이 나타났다. '대상(무엇을 받는 주체)'를 나타내는 데 대상이 유정명사(사람)일 때 '에게'가 쓰이고, 그 대상이 무정명사일 때 '에'가 쓰여야 하는데 학습자들은 이러한 차이에 대해서 인식이 없어서 이와 같은 오류가 나타난 것으로 추정된다. 문항 40)은 '행위자의 행위가 영향이 미치는 대상'을 나타내고 목적격 조사 '를/을'로의 대치 오류가 많이 나타났다. 이것도 '텔레비전을 보는 일에 열중하고 있다'를 중국어로 표현하면 '热衷于看电视'인데 '看电视(텔레비전을 보는 일)'은 목적어로 보기 때문에 학습자들은 목적격 조사 '를/을'로의 대치 오류가 많이 나타난 것으로 판단할 수 있다.

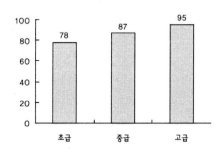

〈그림 26〉'대상' 의미기능의 사용 정확도

문항: 23) 이 약은 감기_____ 좋습니다.

		로/으로	에	에서	에게	와/과	을/를	∅
초급	빈도	0	28	0	7	0	0	0
	비율		80%		20%			

		로/으로	에	에서	에게	와/과	을/를	ø
중급	빈도	0	34	0	6	0	0	0
	비율		85%		15%			
고급	빈도	0	34	0	1	0	0	0
	비율		97%		3%			

문항 23)은 조사 '에'의 '기준' 의미기능에 대한 문제이고 '에게'로의 대치 오류가 많이 나타낸다. 이것은 학습자들은 '감기'를 '대상'으로 보고 이와 같은 오류가 나타낸 것으로 추정된다. 설문지 12번 문제에 대한 응답 상황을 보면 '에'의 '기준'이라는 의미기능은 중급 학습자 중에 2명, 고급 학습자 중에 3명만 적었으므로, 대부분 학습자들은 이 의미기능에 대해서 인식이 없는 것을 알 수 있다. 이와 같은 원인으로 '에게'로의 대치 오류가 많이 나타난 것으로 판단할 수 있다.

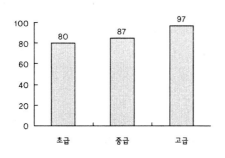

〈그림 27〉 '기준' 의미기능의 사용 정확도

문항: 4) 비바람_____ 나뭇잎들이 다 떨어졌다.

		로/으로	에	에서	에게	와/과	을/를	ø
초급	빈도	3	1	31	0	0	0	0
	비율	9%	3%	88%				
중급	빈도	5	3	32	0	0	0	0
	비율	13%	7%	80%				
고급	빈도	14	15	6	0	0	0	0
	비율	40%	43%	17%				

		로/으로	에	에서	에게	와/과	을/를	∅
초급	빈도	1	34	0	0	0	0	0
	비율	3%	97%					
중급	빈도	0	40	0	0	0	0	0
	비율		100%					
고급	빈도	0	35	0	0	0	0	0
	비율		100%					

문항 4), 36)은 '원인, 이유'를 나타내는 의미기능에 대한 문제들이다. 조사 '에'의 다양한 의미기능 중 '원인, 이유' 항목은 가장 마지막으로 학습이 이루어지는 것이다. 문항 4)에 대한 응답 상황은 모든 단계의 학습자들 중에서 '로/으로', '에서'로의 대치 오류가 많이 나타난 것을 보여 주고 있다. 초급과 중급 학습자들은 조사 '에'의 '원인, 이유' 의미기능의 습득이 이루어지지 않은 것으로 추정되고, '비바람'을 '장소'로 처리해서 부사격 조사 '에서'로의 대치 오류를 많이 나타낸다. 고급 학습자 경우 조사 '에'의 '원인, 이유' 의미기능의 습득이 이루어졌는데 '원인, 이유'를 나타내는 '로/으로'와 사이의 차이에 대해서 인식이 부족해서 '로/으로'로의 대치 오류가 많이 나타난 것으로 추정된다. '원인, 이유'를 나타내는 데 '에'는 앞에 오는 명사가 직접적이고 실제의 사물에 의한 원인인 경우에 쓰이고, '로/으로'는 전체적인 영향을 끼치는 원인인 경우에 쓰인다. 'N 때문에'는 '원인, 이유'를 나타내는 관용적 표현이고 초급 단계부터 이미 습득이 이루어진 것을 보여주고 있다.

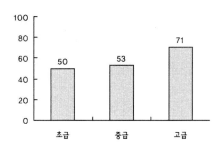

〈그림 28〉 '원인, 이유'
의미기능의 사용 정확도

문항: 13) 돌부리_____ 채여 넘어질 뻔했다.

		로/으로	에	에서	에게	와/과	을/를	∅
초급	빈도	0	4	0	0	0	31	0
	비율		11%				89%	
중급	빈도	0	16	0	0	0	24	0
	비율		40%				60%	
고급	빈도	12	21	0	0	0	2	0
	비율	34%	60%				6%	

문항 13)은 '에'의 '도구, 수단' 의미기능에 대한 문제이다. '원인, 이유' 의미기능 사용 실태와 비슷하게 초급 학습자들은 조사 '에'의 '도구, 수단' 의미기능의 습득이 이루어지지 않은 것으로 추정될 수 있다. 중급 학습자들은 이 의미기능의 습득이 점점 이루어지고 있는 경향을 보이는데 오류도 많이 나타낸다. '돌부리에 채여'는 피동표현인데 중국어로 표현될 때 '被石头绊倒'로 해야 되는데, 많은 초급과 중급 학습자들은 '绊到石头'로 번역했기 때문에 '石头(돌부리)'를 목적어로 처리해서 목적격 조사 '를/을'로의 대치 오류가 많이 나타난 것으로 추정된다. 고급 학습자 경우 조사 '에'의 '도구, 수단' 의미기능은 이미 습득했으나, '도구, 수단'을 나타내는 '로/으로' 사이의 차이에 대해서 인식이 부족해서 '로/으로'로의 대치 오류가 많이 나타나는 것으로 추정된다. '도구, 수단'을 나타내는 데 '에'는 그것을 도구로 하여 의도하지 않은 채 그 행위가 일어났음을 나타내지만, '로/으로'는 의도적으로 그러한 행동을 하였음을 나타낸다.

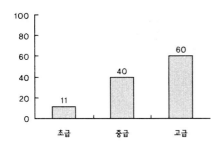

〈그림 29〉 '도구, 수단'
의미기능의 사용 정확도

문항: 27) 하루_____ 그 모든 일을 다 할 수 있어?

		로/으로	에	에서	에게	와/과	을/를	∅
초급	빈도	0	23	0	0	0	0	12
	비율		66%					34%
중급	빈도	0	27	0	0	0	0	13
	비율		68%					32%
고급	빈도	0	24	0	0	0	0	11
	비율		69%					31%

문항: 28) 한 시_____ 만나자.

		로/으로	에	에서	에게	와/과	을/를	∅
초급	빈도	0	30	0	0	0	0	5
	비율		86%					14%
중급	빈도	0	34	0	0	0	0	6
	비율		85%					15%
고급	빈도	0	31	0	0	0	0	4
	비율		88%					12%

문항 27), 28)은 모두 '에'의 '시간' 의미기능에 대한 문제이다. 이상의 각 의미기능의 사용 실태와 달리 다른 조사로의 대치 오류는 나타나지 않고, 주로 생략 오류가 많이 발생했다. 이는 제3장과 제4장에서 제시했듯이 중국어에서 '시간'을 나타내는 명사나 명사구가 개사 없이 그 자체로 부사적인 기능을 할 수 있기 때문에 학습자들의 이와 같은 지식이 목표어인 한국어 학습에 부정적인 영향을 끼친 것으로 볼 수 있다.

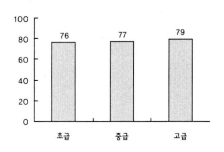

〈그림 30〉 '시간' 의미기능의 사용 정확도

문항: 16) 우리 나라 속담_____ 기쁨이 지나치면 슬픔이 온다고 했다.

		로/으로	에	에서	에게	와/과	을/를	∅
초급	빈도	0	14	21	0	0	0	0
	비율		40%	60%				
중급	빈도	0	16	24	0	0	0	0
	비율		40%	60%				
고급	빈도	0	25	10	0	0	0	0
	비율		71%	29%				

문항 16)은 '에'의 '상황, 출전' 의미기능에 대한 문제이다. '어떤 행위나 시간의 출발점'을 나타내는 조사 '에서'로의 대치 오류가 많이 나타난다. 이것은 설문지 12번 문제에 대한 응답 상황을 보면 대부분 학습자들은 '에'의 '상황, 출전' 의미기능을 맞히지 못한 것과 일치한 다. 특히 초급과 중급 학습자들은 조사 '에'의 '상황, 출전' 의미기능의 습득이 이루어지지 않은 것으로 추정할 수 있다.

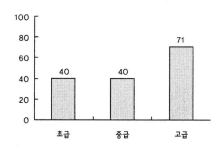

〈그림 31〉 '상황, 출전' 의미기능의 사용 정확도

문항: 8) ㄱ: 이 사과 얼마예요?
　　　 ㄴ: 천 원_____ 두 개예요.

		로/으로	에	에서	에게	와/과	을/를	∅
초급	빈도	0	31	0	0	0	0	4
	비율		88%					12%
중급	빈도	0	34	0	0	0	0	6
	비율		85%					15%
고급	빈도	0	29	0	0	0	0	6
	비율		83%					17%

문항 8)은 조사 '에'의 '단위' 의미기능에 대한 문제이다. 이것은 '시간'을 나타내는 의미기능에서처럼 주로 생략 오류가 많이 발생했다. 이는 중국어에서 '단위'를 나타내는 개사가 없는 영향으로 이러한 생략 오류가 많이 나타난 것으로 보인다. 그리고 이상 각 항목의 상황과 달리 급수가 올라갈수록 정확도가 올라가는 일관성이 나타나지 않았다. 이는 조사 '에'의 '단위' 의미기능은 초급 단계에서 나오는 항목인데 초급과 중급 학습자들은 잘 사용하지만 급수가 올라가면서 한국말을 유창하게 하는 고급 학습자들은 '하루 세 번'과 같은 표현에서 생략이 과잉 일반화되어 '일주일 한번', '천원 두 개'로 발화하는 경우도 많아졌다. 이와 같은 원인으로 생략 오류의 결과가 나온 것으로 추정된다.

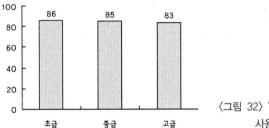

〈그림 32〉'단위' 의미기능의
사용 정확도

이상으로 부사격 조사 '에'의 의미기능별로 학습자의 사용 실태를 살펴보았다. 〈그림 33〉은 사용 정확도를 종합적으로 보여 주고 있다. 모든 의미기능을 사용하는 데 급수가 올라갈수록 정확도가 비례적으로 높아지는 경향으로 보기는 어렵다. 급수가 올라갈수록 정확도가 떨어지는 경우도 있고 모든 급수의 정확도가 비슷하게 나타나는 경우도 있으며, 초급과 중급의 정확도가 거의 같은 경우도 있다.

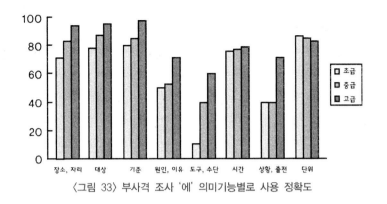

〈그림 33〉 부사격 조사 '에' 의미기능별로 사용 정확도

5.1.3. 조사 '에서'

문항: 1) 영수 씨는 무역회사_____ 일합니다.

		로/으로	에	에서	에게	와/과	을/를	ø
초급	빈도	0	8	27	0	0	0	0
	비율		23%	77%				
중급	빈도	0	6	34	0	0	0	0
	비율		15%	85%				
고급	빈도	0	0	35	0	0	0	0
	비율			100%				

문항: 37) 우리 반_____ 내가 가장 키가 크다.

		로/으로	에	에서	에게	와/과	을/를	ø
초급	빈도	1	10	24	0	0	0	0
	비율	3%	29%	68%				
중급	빈도	0	11	29	0	0	0	0
	비율		27%	73%				
고급	빈도	0	7	28	0	0	0	0
	비율		20%	80%				

문항 1), 37)은 모두 조사 '에서'의 '장소' 의미기능에 대한 문제들이다. 문항 1)은 '어떤 행동이나 상태가 일어나고 있는 장소'를 나타나고, 문항 37)은 '행동이나 상태가 미치는 범위'를 나타내며, 조사 '에'로의

대치 오류가 많이 나타난다. 조사 '에'의 '장소' 항목의 경우와 비슷하게 중국어의 경우 '장소, 위치'를 나타나는 명사 앞에 '在'를 사용하는데 '在'는 한국어의 조사 '에'와 '에서'로 대응될 수 있기 때문에 여기서 조사 '에'로의 대치 오류가 많이 나타난다. 그리고 문항 37)의 서술어는 동적인 동사가 아니기 때문에 정적인 특질을 가지는 조사 '에'로의 대치 오류가 많이 나타난 것으로 추정된다.

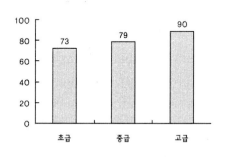

〈그림 34〉 '장소' 의미기능의 사용 정확도

문항: 29) 그 전설_____ 이런 풍습이 생겼다.

		로/으로	에	에서	에게	와/과	을/를	∅
초급	빈도	0	3	32	0	0	0	0
	비율		9%	91%				
중급	빈도	0	4	36	0	0	0	0
	비율		10%	90%				
고급	빈도	0	0	35	0	0	0	0
	비율			100%				

문항: 30) 하늘_____ 눈이 내렸다.

		로/으로	에	에서	에게	와/과	을/를	∅
초급	빈도	0	2	33	0	0	0	0
	비율		6%	94%				
중급	빈도	0	2	38	0	0	0	0
	비율		5%	95%				
고급	빈도	0	0	35	0	0	0	0
	비율			100%				

문항 29), 30)은 모두 조사 '에서'의 '출발점'의 의미기능에 대한 문제들이다. '출발점'의 의미기능은 조사 '에서'의 대표적인 의미기능인데 초급 단계부터 습득이 이미 이루어진 것으로 추정된다.

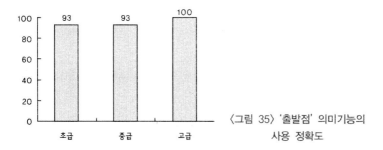

〈그림 35〉 '출발점' 의미기능의 사용 정확도

이상으로 부사격 조사 '에서'의 의미기능별로 학습자의 사용 실태를 살펴보았다. 〈그림 36〉은 사용의 정확도를 종합적으로 보여 주고 있다. 모든 단계의 학습자들의 조사 '에서'의 정확도는 높은 편이고 각 급수 간의 정확도 차이도 크게 나타나지 않음을 보여 주고 있다.

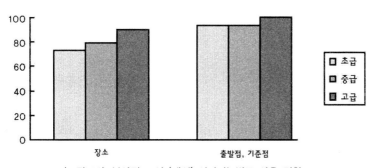

〈그림 36〉 부사격 조사 '에서' 의미기능별로 사용 정확도

5.1.4. 조사 '에게'

문항: 15) 아이가 잘못을 하면 그 부모_____ 책임이 있어.

		로/으로	에	에서	에게	와/과	을/를	ø
초급	빈도	0	15	5	15	0	0	0
	비율		43%	14%	43%			
중급	빈도	0	12	3	25	0	0	0
	비율		30%	7%	63%			
고급	빈도	0	1	0	34	0	0	0
	비율		2%		98%			

문항 15)는 조사 '에게'의 '위치' 의미기능에 대해서 설계한 문제이다. 이것도 제4장에서 제시했듯이 중국어의 경우 '장소, 위치'를 나타나는 데 모두 개사 '在'로 표현하는데 초급과 중급 학습자들은 목표어인 한국어를 습득 과정에서 조사 '에', '에서', '에게' 세 개 조사 간의 차이에 대한 인식이 부족해서 조사 '에', '에서'로의 대치 오류가 많이 나타난 것으로 추정된다.

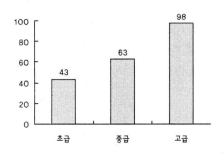

〈그림 37〉 '위치' 의미기능의 사용 정확도

문항: 9) 어머니가 아이_____ 우유를 먹이신다.

		로/으로	에	에서	에게	와/과	을/를	ø
초급	빈도	0	7	0	28	0	0	0
	비율		20%		80%			
중급	빈도	0	8	0	32	0	0	0
	비율		20%		80%			
고급	빈도	0	0	0	35	0	0	0
	비율				100%			

문항: 10) 선생님이 학생들_____ 한국어를 가르칩니다.

		로/으로	에	에서	에게	와/과	을/를	ø
초급	빈도	0	5	0	30	0	0	0
	비율		14%		86%			
중급	빈도	0	7	0	33	0	0	0
	비율		18%		82%			
고급	빈도	0	0	0	35	0	0	0
	비율				100%			

문항: 11) 나는 이번 일로 그_____ 너무 미안했다.

		로/으로	에	에서	에게	와/과	을/를	ø
초급	빈도	0	1	0	19	0	15	0
	비율		3%		54%		43%	
중급	빈도	0	1	0	29	0	10	0
	비율		3%		72%		25%	
고급	빈도	0	0	0	33	0	2	0
	비율				94%		6%	

　문항 9), 10), 11)은 모두 조사 '에게'의 '대상' 의미기능에 대해서 설계한 문제들이다. 문항 9)는 '어떠한 행위를 하도록 시킴을 받는 대상'을 나타내고, 문항 10)은 '행위자의 행위를 받는 대상'을 나타내며, 문항 11)은 '어떠한 느낌을 가지게 하는 대상'을 나타낸다. 여기서 또한 '대상'을 나타내는 조사 '에'와의 차이에 대해서 인식이 부족해서 '에'로의 대치 오류가 나타난다. 그리고 문항 11) 경우 서술어는 사용 빈도가 비교적 낮은 '느끼다, 실망하다'류의 동사이기 때문에 오류가 더 많이 나타났다. '그에게 너무 미안했다'를 중국어 표현인 '对不起他'로 번역해서 '他(그)'는 목적어로 처리했기 때문에 목적격 조사 '를/을'로의 대치 오류가 많이 나타난 것으로 추정된다.

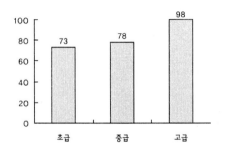

〈그림 38〉'대상' 의미기능의
사용 정확도

문항: 6) 너_____ 잡힌 물고기가 어디 있어?

		로/으로	에	에서	에게	와/과	을/를	ø
초급	빈도	0	2	0	27	0	0	6
	비율		6%		77%			17%
중급	빈도	0	4	0	34	0	0	2
	비율		10%		85%			5%
고급	빈도	0	1	0	34	0	0	0
	비율		3%		97%			

문항 6)은 피동문에서 '주체'를 나타내는 의미기능에 대해서 설계한 문제이다. 초급과 중급 학습자 중에 조사 '에'로의 대치 오류와 생략 오류가 모두 나타난 것으로 나타낸다.

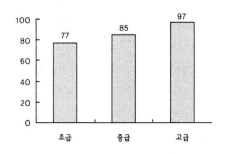

〈그림 39〉'주체' 의미기능의
사용 정확도

문항: 19) 한복이 저_____ 어울릴까요?

		로/으로	에	에서	에게	와/과	을/를	ø
초급	빈도	0	0	0	21	0	14	0
	비율				60%		40%	

		로/으로	에	에서	에게	와/과	을/를	ø
중급	빈도	0	0	0	29	0	11	0
	비율				73%		27%	
고급	빈도	0	0	0	33	0	2	0
	비율				94%		6%	

　　문항 19)는 조사 '에게'의 '기준'을 나타내는 의미기능에 대한 문제이다. 이 문제는 오류가 비교적 많이 나타난 문제였다. 이것은 설문지 12번 문제에 대한 응답 상황을 보면 대부분 초급과 중급 학습자들이 '에게'의 '기준' 의미기능을 맞히지 못한 것과 일치한다. 초급과 중급 학습자 중에 조사 '를/을'로의 대치 오류가 많이 나타났다. 이것도 '저에게 어울리다'에 대응하는 중국어 표현 '适合我'에서 원인을 찾을 수 있다. 중국어로 표현하는 데 '我(저)'는 목적어이기 때문에 목적격 조사 '를/을'로의 대치 오류가 많이 나타난 것으로 추정된다.

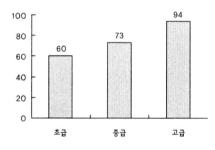

〈그림 40〉 '기준' 의미기능의
사용 정확도

　　이상으로 부사격 조사 '에게'의 의미기능별로 학습자의 사용 실태를 살펴보았다. 〈그림 41〉은 사용의 정확도를 종합적으로 보여 주고 있다. 급수가 올라갈수록 정확도가 높아지는 경향을 보인다. 초급과 중급 학습자는 '위치'의 의미기능 사용 정확도는 비교적 낮다는 것을 보여 주고 있다.

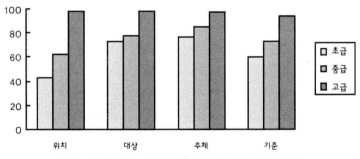

〈그림 41〉 부사격 조사 '에게' 의미기능별로 사용 정확도

5.1.5. 조사 '와/과'

문항: 31) 저는 중학교 동창생_____ 결혼했다.

		로/으로	에	에서	에게	와/과	을/를	∅
초급	빈도	0	0	0	0	34	1	0
	비율					97%	3%	
중급	빈도	0	0	0	0	40	0	0
	비율					100%		
고급	빈도	0	0	0	0	35	0	0
	비율					100%		

문항: 34) 그는 나_____ 나이가 같다.

		로/으로	에	에서	에게	와/과	을/를	∅
초급	빈도	0	0	0	0	35	0	0
	비율					100%		
중급	빈도	0	0	0	0	40	0	0
	비율					100%		
고급	빈도	0	0	0	0	35	0	0
	비율					100%		

문항: 38) 가족_____ 함께 삽니다.

		로/으로	에	에서	에게	와/과	을/를	∅
초급	빈도	0	0	0	0	35	0	0
	비율					100%		
중급	빈도	0	0	0	0	40	0	0
	비율					100%		

		로/으로	에	에서	에게	와/과	을/를	ø
고급	빈도	0	0	0	0	35	0	0
	비율					100%		

문항 31), 34), 38)은 모두 부사격 조사 '와/과'의 '대상' 의미기능에 대해서 설계한 문제들이다. 문항 31)과 38)은 '대칭이 되는 대상'을 나타내고, 문항 34)는 '어떠한 관계에 있는 대상'을 나타낸다. 여기서 다른 조사로의 대치 오류는 나타나지 않으며, '와', '과'의 이형태를 구별하지 못해서 일어난 대치 오류가 많이 나타난다.

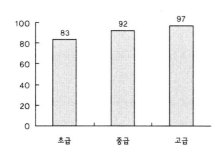

〈그림 42〉 '대상' 의미기능의 사용 정확도

문항: 24) 신맛은 단맛_____ 잘 어울린다.

		로/으로	에	에서	에게	와/과	을/를	ø
초급	빈도	0	0	0	0	35	0	0
	비율					100%		
중급	빈도	0	0	0	0	40	0	0
	비율					100%		
고급	빈도	0	0	0	0	35	0	0
	비율					100%		

문항 24)는 부사격 조사 '와/과'의 '기준' 의미기능에 대한 문제이다. '대싱' 의미기능의 경우와 비슷하게 다른 조시로의 대치 오류는 보이지 않으며, '와', '과'의 이형태를 구별하지 못해서 일어난 대치 오류가 많이 나타났다.

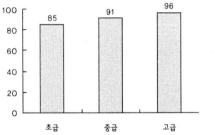

〈그림 43〉 '기준' 의미기능의 사용 정확도

　이상으로 부사격 조사 '와/과'의 의미기능별로 학습자의 사용 실태를 살펴보았다. 〈그림 44〉는 사용의 정확도를 종합적으로 보여 주고 있다. 급수가 올라갈수록 정확도가 높아지는 경향을 보인다. 그리고 설문지 12번 문제에 대한 응답 상황을 보면 조사 '와/과'에 대해서 대부분 학습자들은 '连词(접속사)'라고 적었는데 '대상', '기준' 의미기능을 적은 학습자는 거의 없었다. 하지만 문항에 대한 응답을 보면 모든 등급 학생들이 문제를 제대로 맞히었다. 이것은 부사격 조사 '와/과'의 '대상'과 '기준'을 나타낼 때 대응하는 중국어 표현은 접속사와 개사를 겸하는 '和(与)'이다. 그래서 학습자들은 이로 판단해서 '와/과'를 적은 것으로 추정된다.

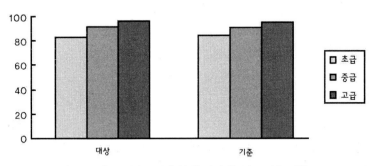

〈그림 44〉 부사격 조사 '와/과' 의미기능별로 사용 정확도

이와 같은 결과를 통해서 다음과 같은 몇 가지 결론을 얻었다.

1. 사용빈도가 높은 의미기능을 사용할 때, 정확도가 높을 것으로 예상했는데 의외로 오류가 많이 나타나는 경우도 발견하였다.
2. 급수가 올라가면 정확도가 올라갈 것으로 기대했으나, 급수가 올라갈수록 정확도가 떨어지는 경우도 있었다.
3. 의미기능이 비슷한 조사로의 대치 오류가 나타날 것이라고 예상했는데, 중국어 영향으로 다른 조사로의 대치오류나 생략오류가 나타났다. 다시 말하면, 한국어 내적 요인보다 중국어 영향으로 발생한 오류 빈도가 더 높았다. 중국인 학습자가 한국어를 사용할 때 모국어인 중국어 지식이 더 먼저 한국어에 영향을 주는 경향이 보인다.
4. 같은 의미기능의 대응범주로 보면 한국어는 복잡하고, 중국어는 단순한 경우에 학습자의 오류가 많이 나타나는 경향이 보인다. 예를 들어서, '장소, 위치'를 나타낼 때 한국어에서 '에', '에서', '에게' 세 개 조사로 표현하는데 중국어에서 개사 '在' 하나의 개사로 표현한다. 학습자가 한국어 부사격 조사 '에', '에서', '에게'를 사용하는 데 오류가 많이 나타난다.

5.2. 오류의 원인 및 교육 방안

앞 절에서는 중국인 한국어 학습자들이 한국어 부사격 조사를 사용하는 데 나타난 오류의 양상에 대하여 살펴보았다. 이러한 분석을 통하여 우리는 중국인 학습자의 부사격 조사 오류 양상을 대체적으로 알 수 있는데 단순한 오류 양상에 대한 기술은 실제적으로 학습자에게 도움이 되지 못한다. 이 오류들이 왜 발생했는지에 대한 원인 파악이 있어야만이 실제적으로 교육이나 학습에 도움이 될 것이다. 따라서 여기에서는 중국인 한국어 학습자들의 한국어 부사격 조사 오류들이 발생하는 원인에 대하여 분석하고, 더 나아가 오류를 줄일 수 있는 교육 방안을 제시하고자 한다.[3]

5.2.1. 오류의 유형 및 원인 분석

오류의 유형과 원인에 대해서 학자에 따라서 견해도 다르다.

Brown(2000)은 학습자의 오류가 다음과 같은 원인에 의하여 발생한다고 설명하였다. 1) 모국어의 간섭에서 오는 언어 간의 전이 현상, 2) 목표어 자체 내의 간섭에서 오는 언어 내적 전이로 인한 규칙의 확대 적용, 3) 교사나 교과서 또는 사회적 상황에서 유도되는 학습 여건으로 인한 오류, 4) 학습자가 채택한 의사소통의 책략 등이다. Dennis(1982)는 오류를 원인별로 분류하여 1) 규칙의 확대 적용 또는 과일반화, 2) 규칙 제한에 대한 무지, 3) 규칙의 불완전한 적용, 4) 잘못 가설화된 개념 등으로 설명하고 있다.[4] Corder(1981)은 오류의 발생 원인을 1) 언어전이, 2) 목표어 내부전이, 3) 학습 환경 세 가지로 구분하고 있다. Selinker(1974)는 오류의 원인을 다음과 같이 제시하였다. 1) 모국어, 2) 교육과정, 3) 교육 자료에 대한 학습자의 접근, 4) 모국어 화자와의 의사소통을 위한 학습자의 접근, 5) 목표어 규칙의 과잉일반화.[5] 이정희(2003)은 Selinker(1974)가 제시한 오류 원인을 모국어의 영향, 목표어의 규칙의 적용, 교육 과정 세 가지 항목으로 압축하였다.

이상 각 학자들의 견해와 중국인 학습자의 오류 양상을 종합해서 본 연구에서는 중국인 학습자 한국어 부사격 조사 사용의 오류 원인을 중국어의 영향, 한국어의 내적 요인 두 가지로 나누어 제시하고자 한다.

---

3) 왕단(2005: 83) 참조.
4) 박소영(2008) 참조.
5) 이정희(2003) 참조.

5.2.1.1. 중국어의 영향

모국어의 영향은 일반적으로 오류의 중요한 원인이 된다. 모국어와 목표어 사이의 차이가 많을 경우 모국어에 관한 지식이 목표어의 습득에 크게 영향을 미친다. 대조분석에서는 모국어와 목표어의 체계가 다른 경우 부정적 전이 현상이 일어난다고 보고 있다. 즉, 모국어와 목표어 체계를 대조하여 학습자들의 오류를 줄일 수 있는 방안이 필요하다.

5.1절에서 제시했듯이 중국인 한국어 학습자들은 한국어 부사격 조사를 사용하는 데 중국어의 영향으로 일어난 오류가 많다.

① 생략 오류

문항: 8) ㄱ: 이 사과 얼마예요?
　　　　ㄴ: 천원____ 두 개예요.
　　 27) 하루____ 그 모든 일을 다 할 수 있어?
　　 28) 한 시____ 만나자.

문항 8)은 부사격 조사 '에'의 '단위' 의미기능에 대한 문제인데 생략 오류가 많이 나타난다. 이는 중국어에서 직접 수량사로 '단위'를 표현하는데 '단위'를 나타내는 개사가 없는 영향으로 이러한 생략 오류가 많이 나타난 것으로 보인다.

문항 27), 28)은 모두 '에'의 '시간' 의미기능에 대해서 설계한 문제인데 생략 오류도 많이 발생하였다. 이는 시간을 나타내는 명사나 명사구가 개사 없이 그 자체로 부사적인 기능을 할 수 있는 중국어에 대한 지식이 목표어인 한국어 학습에 부정적인 영향을 끼친 것으로 볼 수 있다.

② 대치 오류

중국어 문장 어순의 영향으로 다른 격조사로의 대치 오류가 나타난다.

문항: 11) 나는 이번 일로 그____ 너무 미안했다.
　　　19) 한복이 저____ 어울릴까요?

문항 11)은 조사 '에게'의 대상 의미기능에 대해서 설계한 문제인데 목적격 조사 '를/을'로의 대치 오류가 나타난다. 이는 학습자가 '그에게 너무 미안했다'를 중국어 표현인 '很对不起他'로 번역하고, 여기에서 '他(그)'는 목적어이기 때문에 목적격 조사 '를/을'로의 대치 오류가 많이 나타낸 것으로 추정된다.

문항 19)는 조사 '에게'의 '기준'을 나타내는 의미기능에 대한 문제인데 역시 중국어 표현의 영향으로 목적격 조사 '를/을'로의 대치 오류가 많이 나타났다. 이는 '한복이 저에게 어울릴까요?'를 '韩服会适合我吗?'로 번역해서 이 표현에서 '我(나)'가 목적어이기 때문에 목적격 조사 '를/을'로의 대치 오류가 많이 나타난 것으로 추정된다.

중국어의 이러한 소극적인 영향을 방지하려면 중국어와 한국어의 대조분석을 통한 언어 간섭으로 인한 오류에 관한 연구가 꼭 필요하다. 대조분석이 성실하게 이루어져야만이 학습자들이 한국어를 학습할 때 어떤 내용을 어려워하는지를 제대로 파악할 수 있을 것이다. 따라서 학습자의 모국어와 목표어의 대조분석은 외국어 교육의 기초 연구라고 말할 수 있다.

5.2.1.2. 한국어의 내적 요인

목표어의 내적 요인에 의한 오류는 목표어 자체의 복잡성과 학습자가 의사소통을 위해 사용하는 전략에 의해서 발생한 것이다.[6]

중국인 학습자에게 있어서 여러 가지 의미기능을 가진 부사격

---

6) 왕단(2005) 참조.

조사의 의미를 습득하는 것, 의미기능이 비슷한 부사격 조사들을 변별하는 것, 그리고 어떤 부사격 조사의 이형태를 정확하게 사용하는 것은 결코 쉬운 일이 아니므로 이런 특징을 가진 부사격 조사를 이해하거나 사용할 때 오류가 생긴 것은 자연스러운 일이다.

① 대치 오류

학습자들이 같은 의미기능 범주에 속하는 부사격 조사들 간의 세부적 의미 차이를 알지 못해서 대치 오류를 많이 범했다.

> 문항: 2) 우체국은 어느 쪽_____ 갑니까?
> 　　　 3) 길이 안쪽_____ 굽더니 갑자기 넓어졌다.

장소의 이동을 의미하는 경우, 부사격 조사 '에'와 '로/으로'는 '가다, 오다'등의 동사를 모두 쓸 수 있는데 '로/으로'는 이동의 방향을 나타내고, '에'는 목적지를 나타낸다. 학습자는 이와 같은 차이점을 인식하지 못해서 문항 2), 3)과 같은 경우에 '에'로의 대치 오류를 많이 나타냈다.

> 문항: 4) 비바람_____ 나뭇잎들이 다 떨어졌다.
> 　　　 20) 감기_____ 고생하고 있어.

'원인, 이유'를 의미하는 경우, 조사 '에'는 앞에 오는 명사가 직접적이고 실제의 사물에 의한 원인인 경우에 쓰이고 '로/으로'는 전체적인 영향을 끼치는 원인인 경우에 쓰인다. 학습자는 이러한 인식이 부족하므로, 문항 4)와 같은 경우에 조사 '로/으로'로, 문항 20)과 같은 경우에 조사 '에'로의 대치 오류가 많이 나타났다.

> 문항: 25) 사진_____ 아버지, 어머니, 저와 여동생이 있습니다.
> 　　　 30) 하늘_____ 눈이 내렸다.

의미기능이 비슷하여 학습에 어려움을 느끼는 조사 '에'와 '에서'를 함께 살펴볼 때 서로의 대치 오류가 많이 나타났다. 중국어의 경우 장소를 나타내는 명사 앞에 개사 '在'를 사용하는데, '在'는 한국어의 부사격 조사 '에'와 '에서'로 대응될 수 있기 때문에 서로 간의 대치 오류가 많이 나타났다. 조사 '에'는 주로 이동을 나타내는 동사들과 결합하고, '에서'는 동작을 나타내는 동사와 결합된다. 그러나 '있다, 계시다, 위치하다, 많다'류로 표현하는 서술어와 함께 쓰여 사물이나 사람이 차지하고 있는 장소를 나타낼 때 조사 '에'를 사용해야 되는데 문항 25)와 같은 경우에 '에' 대신에 '에서'를 사용하는 오류가 많이 나타났다. 그리고 문항 30)과 같이 고정된 장소에서의 동적인 움직임이 있는 동사가 결합되는 경우에 조사 '에서' 대신에 '에'를 사용하는 오류가 또한 많이 나타났다.

조사 '에'와 '에서'의 경우, 교사가 모두 취할 수 있는 동사와 어느 한 쪽만을 취하는 동사를 함께 설명하고, 사용 빈도와 오류 빈도가 모두 높은 '있다'는 '에서'와 결합할 수 없다는 것도 강조해야 한다.[7]

② 이형태 오류

한국어 조사는 똑같은 기능을 가지면서도 음운적 환경에 따라 두 가지의 이형태를 갖는 경우가 많다. '이형태 오류'는 이와 같은 경우에 적절한 형태를 선택해서 쓰지 못하는 경우이다. 부사격 조사 '와'와 '과', '으로'와 '로'를 혼용하는 경우가 많았다.

> 문항: 31) 저는 중학교 동창생_____ 결혼했다.
> 　　　 34) 그는 나_____ 나이가 같다.

'과'는 받침이 있는 말에, '와'는 받침이 없는 말에 붙어 쓰인다. 문항 31)의 경우 '동창생'은 받침이 있기 때문에 '과'가 와야 하는데

---

7) 주은경(2004) 참조.

'와'를 사용한 오류가 많았다. 문항 34)의 경우 '나'는 받침이 없기 때문에 '와'가 사용되어야 하는데 '과'를 사용한 오류가 나타났다.

문항: 12) 그는 늘 웃는 얼굴____ 사람들을 대한다.

'으로'는 받침이 있는 말에, '로'는 받침이 없는 말에 붙어 쓰이는데 'ㄹ' 받침으로 끝나는 말에 '으로' 대신에 '로'를 사용해야 하는데 '으로'를 사용한 오류가 많이 나타났다. 이는 일반 음운 규칙이 특수한 음운 환경에 적용해서 나타난 오류일 것으로 추정된다.

한국어 부사격 조사를 효과적으로 교육하려면 한국어 부사격 조사의 특징을 체계적으로 정리하고 부사격 조사의 형태, 통사, 의미기능을 학습자에게 정확하게 제공하는 것이 중요하다.

5.2.2. 중국인 학습자에 대한 부사격 조사의 교수 방안

5.2.2.1. 부사격 조사의 교수 방안

앞서 부사격 조사의 오류 유형과 원인을 살펴보았다. 이를 바탕으로 부사격 조사에 대한 교수 방안을 몇 가지 제시하고자 한다.

첫째, 중국어의 영향으로 나타난 오류를 줄이기 위해서 중국어와 한국어의 대조분석을 통한 언어간 오류에 관한 연구가 필요하다. 대조분석이 성실하게 이루어져야만이 학습자들이 한국어를 학습할 때 어떤 내용을 어려워하는지를 제대로 파악할 수 있을 것이다.

둘째, 부사격 조사를 가르칠 때 부사격 조사의 형태, 의미, 화용적 특징을 모두 교육해야 한다. 부사격 조사가 어떤 환경에서 어떤 의미기능을 하는지, 어떤 화용적 맥락에서 사용되는지 모두 통합하여 가르쳐야 한다.

셋째, 한국어는 다양한 의미기능을 하는 부사격 조사가 많으므로 학습자에게 유사한 의미의 부사격 조사와 대치 연습을 통해 통사적, 의미적 특징을 가르쳐야 한다.

넷째, 학습하려는 목표 부사격 조사에 알맞은 연습 유형을 찾아야 한다. 학습자들은 반복적이고 다양한 활동을 통해서 적절한 부사격 조사를 사용할 수 있다.[8]

다섯째, 학습자에게 충분한 피드백을 제공해야 한다. 교사는 학습자의 오류 항목에 대해 숙지하고 있어야 하며, 수업 중에 학습자의 반응에 주의를 기울이면서 적절한 피드백을 제공해야 한다.

여섯째, 1차 오류 수정은 학습자 스스로 할 수 있도록 유도한다. 고급 학습자일수록 즉각적인 오류 수정보다는 자기 주도적인, 자기 수정이 더 효과적이다. 이 때 교사는 학습자 스스로 자신의 지식을 사용해 오류를 수정할 수 있도록 단서를 제공해 주는 것이 좋다.[9]

5.2.2.2. 부사격 조사의 교수 모형

이상의 논의를 종합하여, 여기에서는 부사격 조사 사용의 유창성과 정확성을 기르기 위한 효과적인 교수 방법에 대해서 모색해 보겠다. 부사격 조사 '로/으로'와 '에'는 각기 한 가지 이상의 의미기능을 가지고 있는 동시에 공통된 의미기능도 있어서 중국인 학습자가 이해하고 활용하는 데 어려움을 느끼는 경우가 많고 서로 간의 대치 오류도 많이 나타난다. 이에 부사격 조사 '로/으로'와 '에'를 중심으로 두 조사의 용법을 구분하고, 이를 활용할 수 있는 교수 모형을 만들고자 한다.

Thornbuty(2000)의 언어 수업 모형은 크게 제시훈련(PPP) 모형과 과제훈련(TTT) 모형의 두 가지가 있다.[10]

① 제시훈련(PPP) 모형: 제시(presentation)-연습(practice)-생산(production)
　　교사가 올바른 언어 사례를 제시하고 학습자가 반복 연습을 하여 올바른

---

8) 임지숙(2009) 참조.
9) 박소영(2008) 참조.
10) 임지숙(2009) 참조.

언어를 자율적으로 만들 수 있게 하는 교육 모형이다.
② 과제훈련(TTT) 모형: 과제1(task1)-교수 활동(teach)-과제2(task2)
의사소통 능력의 함양을 목표로 과제를 제시하여 과제 해결형 언어 습득
을 하도록 가르치는 모형이다. 과제훈련 모형은 의사소통 능력 함양을
위한 과제라는 점에서 앞서 이야기한 제시훈련 모형과 차이가 있다. 그
러나 문법 과제를 해결하는 과정을 논의하는 과정 중심의 문법 교육 방
법을 과제훈련 모형으로 응용하고 적용할 수 있다.

한국어 문법 교육 모형에 관한 연구는 김정숙(1998)의 5단계가
대표적이다.

① 도입(warm-up): 학습 목표를 자연스럽게 학습자에게 도입시키는 단계로
학습자를 동기화 시키는 단계이다.
② 제시(presentation): 도입 단계에서 유추한 내용을 분명히 이해시키고 인지
시키는 단계로 문법 항목의 의미, 형태, 화용의 모든 부분을 교육해야 한다.
③ 연습(practice): 이해된 문법을 반복 연습을 통하여 내재화 시키는 단계이다.
④ 사용(use): 형태가 아닌 언어 기술을 의미에 중점을 갖고 사용하는 의사소
통의 단계이다.
⑤ 마무리(follow up): 교육 내용을 정리하는 단계이다.

본 연구에서는 이들 교수 모형을 바탕으로 김정숙(1998)의 모델에
따라 '도입-제시-연습-사용-마무리'의 순서에 따라 교수 모형을 제시하
겠다.

① 도입
부사격 조사 '로/으로'와 '에'의 의미기능을 항목별로 설명하고,
두 조사가 공통된 의미기능을 제시하고, 그 의미를 설명한다. 이 단계
에서 5가지 내용을 중심으로 설명한다. 먼저 학생에게 부사격 조사의
정의를 설명해야 한다.

〈1〉 부사격 조사: 체언에 붙어 부사어를 만드는 역할을 한다.

다음으로 부사격 조사 '로/으로'와 '에'의 의미 기능을 항목별로 설명한다. 이 형태 오류를 줄이기 위해서 '로/으로'의 형태 또한 설명해야 한다. 각 조사의 의미기능을 설명할 때 교사가 먼저 학생에게 예문을 제시해 주고 학생에게 조사 '에'와 '로/으로'의 여러 가지 의미기능을 귀납하라고 하면 더 효과적이다.

〈2〉 '로/으로'의 형태: '로'는 받침이 없는 말과 'ㄹ' 받침으로 끝나는 말에,'으로'는 받침이 있는 말에 붙어 쓰임.

〈3〉 '로/으로'의 의미기능

① 방향, 목적지:
예: 학교로 갔다.
영희는 이제 새로운 곳으로 떠난다.
② 방식, 양상:
예: 그는 늘 웃는 얼굴로 사람들을 대한다.
③ 재료, 원료:
예: 나무로 책상을 만든다.
④ 도구, 수단:
예: 볼펜으로 글을 쓰세요.
난 택시로 갈 거야.
⑤ 변화:
예: 물이 수증기로 변한다.
⑥ 자격, 신분, 명성:
예: 그는 비서로 일한다.
파리는 에펠탑으로 유명하다.
⑦ 판단:
예: 나는 그의 말을 진담으로 알아들었다.
⑧ 원인, 이유:
예: 무슨 일로 걱정이 많으십니까?

〈4〉 '에'의 의미기능

① 장소, 목적지:
  예: 우리 학교는 신촌에 있다. (사물이나 사람이 차지하고 있는 장소)
     모두 바닥에 앉으세요. (사건이 일어나거나 행위가 이루어진 장소)
     조금 있으면 런던에 도착합니다. (행동의 목표가 되는 장소)
② 대상:
  예: 그는 텔레비전을 보는 일에 열중하고 있었다.
③ 기준:
  예: 그런 행동은 예의에 벗어난다.
④ 원인, 이유:
  예: 소녀가 추위에 떨고 있다.
⑤ 도구, 수단:
  예: 연필을 깎다가 칼에 손가락을 베었다.
⑥ 시간:
  예: 한 시에 만나자.
⑦ 상황, 출전:
  예: 이 무더위에 어떻게 지냈니?
     옛말에 기쁨이 지나치면 슬픔이 온다고 했다.
⑧ 단위:
  예: 이 가방을 남대문 시장에서 만 원에 샀어.

다음으로 '로/으로'와 '에'의 공통된 의미 기능을 제시한다.

〈5〉 '로/으로'와 '에'의 공통된 의미기능

① 목적지
② 원인, 이유
③ 도구

② 제시
도입 단계에서 제시된 내용 중 조사 '로/으로'와 '에'의 차이를

설명하는 데 중점을 둔다. 먼저 두 조사로 '목적지'를 나타내는 예문들을 학생에게 제시해 주고 학생에게 두 조사는 '목적지'를 나타낼 때 어떤 차이가 있는지를 이야기하라고 한다.

〈1〉 목적지를 나타낼 때

· 우리는 서울(에, 로) 갔다.
· 우리는 서울에(×로) 도착했다.
· 우리는 서울로(×에) 떠났다.

교사가 학생의 대답을 다시 정리하고 보충한다. 그리고 다음과 같은 내용을 중점으로 다시 체계적으로 설명해 준다.[11]

① '에'는 목표점 또는 도달점을 말할 때 사용하는 조사이고, '로/으로'는 방향성을 나타낼 때 사용하는 조사이다.
② '에'가 쓰일 수 있는 동사로는 '도착하다, 이르다, 도달하다, 미치다' 등이 있다.
③ '로/으로'가 쓰이는 동사로는 '떠나다, 향하다, 출발하다, 옮기다' 등이 있다.
④ 두 조사를 모두 취하는 동사로는 '가다, 오다, 오르다' 등이 있다.
⑤ '보내다, 들어서다, 흘러들다, 기어들다, 다가가다, 들어서다, 모이다' 등의 '지향점'은 '로/으로'만을 취한다.
⑥ 단순한 방향을 나타내는 명사에는 '로/으로'가 쓰이고 '에'는 쓰이지 않는다.
⑦ 목표점에 도달한 후 그 상태가 지속되는 위치를 '로/으로'로는 나타 낼 수가 없다.

다음으로 두 조사는 '원인, 이유'를 나타내는 예문들을 학생에게 제시해 주고, 학생에게 두 조사는 '원인, 이유'를 나타낼 때 어떤 차이가 있는지를 이야기하도록 한다.

---

11) 曾天富(2004: 91~92) 참조

〈2〉 원인, 이유를 나타낼 때

- 철수가 병으로(×에) 결석했다.
- 비바람에(×으로) 나뭇잎들이 다 떨어졌다.

교사가 학생의 대답을 다시 정리하고 보충한다. 그리고 다음과
같은 내용을 중점으로 다시 체계적으로 설명해 준다.[12]

① '로/으로'는 전체적인 영향을 끼치는 원인인 경우에 쓰이고, '에'는 앞에
　오는 명사가 직접적이고 실제의 사물에 의한 원인인 경우에 쓰인다.
② '에'의 사용시 발화의 중점이 앞의 원인에 놓이고, '로/으로'의 경우, 발화
　의 중점이 뒤의 결과에 놓인다.
③ '에'는 피동문에 잘 실현되고, '로/으로'는 능동문에 잘 쓰인다.
④ '인하다, 말미암다' 등의 서술어는 언제나 필수적으로 '로/으로' 명사구 논
　항을 취한다.

다음으로 두 조사는 '도구'를 나타내는 예문들을 학생에게 제시해
주고, 학생에게 두 조사는 '도구'를 나타낼 때 어떤 차이가 있는지를
이야기하도록 한다.

〈3〉 도구를 나타낼 때

- 나는 칼로(×에) 손을 베어서 혈서를 썼다.
- 나는 잘못해서 칼에(×로) 손을 베었다.
- 쌀을 항아리(에, 로) 담았다.

교사가 학생의 대답을 다시 정리하고 보충한다. 그리고 다음과
같은 내용을 중점으로 다시 체계적으로 설명해 준다.[13]

---

12) 曾天富(2004: 93) 참조
13) 曾天富(2004: 93) 참조

① '로/으로'는 의도적으로 그러한 행동을 하였음을 나타내지만, '에'는 그것을 도구로 하여 의도하지 않은 채 그 행위가 일어났음을 나타낸다.
② '에'는 대상성을 중시하고, '로/으로'는 과정성을 중시한다.
③ '에'는 물체가 도달한 위치를 중시하고, '로/으로'는 물체가 지나간 경로를 중시한다.

　이 단계에서 교사는 단지 의미적인 면에서만 두 조사 간의 차이점을 설명할 것이 아니라 통사적인 면에서도 설명해야 한다. 예를 들어서, '에'를 취할 수 있는 동사는 무엇인지, '로/으로'를 취할 수 있는 동사는 무엇인지, 또한 두 조사를 모두 취할 수 있는 동사는 무엇인지를 학생에게 설명해 주어야 한다. 가능하면 이와 같은 동사 목록을 작성해서 학생에게 제시해 주면 좋을 것이다.

③ 연습
　연습 단계에서는 도입, 제시 단계에서 설명된 '로/으로'와 '에'의 의미기능을 연습을 통해 내재화하는 단계이다. 이 수업에서는 빈칸 채우기 연습과 판단하기 연습을 활용하고자 한다.

　〈1〉 연습1: 부사격 조사 '로/으로', '에'로 다음 빈칸을 채우시오.

①　민호는 부산(　) 떠났다.
②　우체국은 어느 쪽(　) 갑니까?
③　돌부리(　) 채여 넘어질 뻔했다.
④　사진(　) 아버지, 어머니, 저와 여동생이 있습니다.
⑤　그들은 사랑(　) 빠졌다.

　〈2〉 연습2: 다음 문장 중의 부사격 조사 '로/으로'와 '에'의 사용이 맞는지 틀리는지를 판단해 보고 틀렸으면 고쳐 보시오.

① 10분 후면 서울에 도착합니다.
② 이 문으로 들어오세요.
③ 그 집은 언덕 너머로 있다.
④ 무슨 일에 오셨어요?
⑤ 천원에 샀으면 너무 싸요.

④ 사용

사용 단계는 도입, 제시, 연습 단계를 통해 학습한 내용을 의미 전달이나 기능 수행에 중점을 두고 사용하는 의사소통의 단계라고 할 수 있다. 이 수업에서 부사격 조사 '로/으로'와 '에'를 가지고 역할극이나 과제 수행으로 학습자가 실제적인 의사소통을 할 수 있게 해야 한다.

〈1〉 역할극

친구와 방학 때 배낭여행을 함께 가기로 했습니다. 이제 친구와 여행 일정에 대해서 상의해 보세요.

〈2〉 과제

부사격 조사 '로/으로'와 '에'를 이용하여 각각 10문장씩 자유롭게 작문해 보세요.

⑤ 마무리

마무리 단계에서는 학습 내용에 대한 학생들의 이해 정도를 확인한다. 교사가 일방적으로 정리하고 마무리하기보다는 학생들에게 질문을 한 후, 학습자의 대답을 토대로 정리하는 것이 좋다. 수업 내용의 정리가 끝나면 다음 수업을 예고한 뒤 마무리하도록 한다.

제6장

결론

한국어 부사격 조사는 체언에 붙어 '시간, 장소, 도구, 수단과 원인' 등과 관련된 부사어를 만드는 역할을 한다. 중국어 개사는 일반적으로 명사 또는 명사구 앞에 위치하여 '시간, 장소, 방향, 방법, 대상, 원인' 등의 각종 문법 의미를 표시해 주는 역할을 한다. 한국어 부사격 조사와 중국어 개사는 의미와 기능에 있어서 이와 같은 유사점이 있기 때문에 많은 중국인 한국어 학습자는 한국어 부사격 조사와 중국어 개사는 완전히 대응한다고 생각하고 있다. 본 연구는 이러한 현상에 주목하여 한국어 부사격 조사에 대응하는 중국어 표현에 대해 살펴봄으로써 한국어 부사격 조사와 중국어 개사가 대응할 수 있는지, 한국어 부사격 조사는 중국어에서 구체적으로 어떻게 표현되는지, 즉, 한국어 부사격 조사와 중국어 개사의 대응 관계를 알아보는 데 그 목적이 있다.

본 연구에서는 한국어 조사와 중국어 개사의 정의 및 분류를 먼저 살펴보았다. 한국어 조사란 자립성이 있는 말에 붙어 그 말과 다른 말의 관계를 나타내거나 어떤 뜻을 더해주는 기능을 하는 품사이다. 그리고 부사격 조사는 그것이 붙는 체언으로 하여금 부사어가 되도록 하는 것인데 형태가 많고 그 의미가 또한 다의적이어서 그 체계를 정확하게 파악하기가 쉽지 않다. 때문에 부사격 조사는 연구자에 따라 명칭 및 분류에 상당한 차이를 보인다. 본 연구에서는 한국어의 많은 부사격 조사를 모두 열거하지 않고 그 중의 의미 기능이 많고 사용 빈도가 높은 '로/으로', '에', '에서', '에게', '와/과'에 관하여 검토하였다.

한국어 부사격 조사와 중국어 개사는 모두 명사어에 붙어 쓰이는데, 위치에 있어 부사격 조사는 명사 뒤에 붙는 후치적인 표지이고 개사는 명사(구) 앞에 위치하는 전치적인 표지이다.

중국어에서 자주 사용하는 개사를 한국어로 번역하였을 때 부사격 조사가 가장 많이 출현한다. 이에 부사격 조사를 연구대상으로 정한 후 한국어와 중국어의 표현대조를 위해 우선 각 부사격 조사가 나타내는 의미를 분류하였다. 이렇게 분류된 의미에 해당하는 예문을 선정하고 그 예문들의 중국어 표현을 찾아 검토한 결과 부사격 조사의 각각의 의미와 이에 대응하는 중국어 표현형태를 다음과 같이 정리해 보았다.

본고의 핵심 논의를 포함한 제3장의 주요 내용은 요약하면 다음과 같다.

부사격 조사 '로/으로'에 대응하는 중국어 표현 형태를 아래 [표 15]와 같이 정리하였다.

[표 15] 부사격 조사 '로/으로'에 대응하는 중국어 표현

의미기능		중국어 표현
방향, 지향점	지향점, 목적지	개사 到
	쪽, 방향, 방면	개사 向, 往, 朝
	행동의 경로	개사 从, 由
방식, 양상	'어떤 양상을 가지고', '어떤 양상으로써'	개사 以
	'그러한 차림을 한 채'	동사 + 조사 着
	'~인 면에서'	관용구 在……上, 在……方面
	'~로 보면'	관용구 在……上, 从……上来看
재료, 도구, 수단, 방법	피동적인 의미	개사 被, 由
	도구, 수단, 방법	개사 用(拿)
	변화, 변성	동사 成
	자격, 신분	개사 为(wéi), 以
	판단	동사 成
	원인, 이유	개사 因为, 由于, 因, 由
시간	'~그러한 때에'	개사 在
	'~까지 포함해서 말하면'	개사 到
	'~부터', '~를 기점으로 하여'	개사 自从, 自, 从

부사격 조사 '에'에 대응하는 중국어 표현 형태를 아래 [표 16]과 같이 정리하였다.

[표 16] 부사격 조사 '에'에 대응하는 중국어 표현

의미기능		중국어 표현
장소	사물이나 사람이 있는 장소, 사건이 일어나거나 행위가 이루어진 장소	개사 在
	서술어의 행동이 일어남으로써 영향을 받게 되는 장소	개사 在, 到
	행동의 목표가 되는 장소나 도달점	'동사+목적어'의 형식
	사람이 기대는 곳이나 사물이 닿는 곳	개사 在
	행동의 영향을 받는 장소	개사 在, 到
	출현 장소나 출전	관용구 在……里/中, 在……上
대상	행위자의 행위가 영향이 미치는 대상	개사 于
	무엇을 받는 주체	개사 给
	주어에 대해 행위를 미치는 주체	개사 被
	관계를 맺거나 관련된 대상	개사 和(与)
	행동이나 상태의 한정된 범위	'동사+목적어'의 형식
	심리 상태나 인지 상태가 미치는 대상	개사 在
기준	서술어의 기준점	개사 于
	비교의 대상	개사 和(与)
	비유의 대상	'동사 + 비유의 대상'의 형식
	판단 기준	개사 对, 관용구 '동사 + 起来'
자격		개사 为(wéi)
원인, 이유		개사 因为, 由于, 因, 被
도구, 수단		개사 被, 用(拿), 在
시간	'~의 때/동안', '~의 기간을 통하여'	개사 在
	시간의 경과	명사 内(之内)
	'사전에, 일전에, 일시에'등에 쓰임	개사 在
상황, 출전	상황, 환경, 조건	Ø
	다른 사람의 말이나 속담 등을 인용함	'说+인용의 내용'의 형식
	'판국에, 터에, 중에' 등에 쓰임	개사 在
단위		Ø

부사격 조사 '에서'에 대응하는 중국어 표현 형태를 아래 [표 17]과 같이 정리하였다.

[표 17] 부사격 조사 '에서'에 대응하는 중국어 표현

의미기능		중국어 표현
장소		개사 在
출발점, 기준점	어떤 행위나 시간의 출발점	개사 从
	행동이 비롯되는 곳	개사 从
	추상적인 공간, 상태, 상황	개사 从
	출처나 출전	개사 从
	어떤 사실의 유래	개사 自
	어떤 일의 근거나 동기	개사 为(wèi)
비교의 기준		개사 比

부사격 조사 '에게'에 대응하는 중국어 표현 형태를 아래 [표 18]과 같이 정리하였다.

[표 18] 부사격 조사 '에게'에 대응하는 중국어 표현

의미기능		중국어 표현
위치, 소재지		개사 在
대상	행위자의 행위를 받는 대상	개사 给
	무엇을 가지고 있는 대상	Ø
	어떠한 행위를 하도록 시킴을 받는 대상	개사 让
	어떠한 느낌을 가지게 하는 대상	개사 对
	비교의 대상	개사 于, 和(与)
주체	피동문에서 행위의 주체	개사 被
	어떠한 느낌이나 상태를 느끼는 주체	관용구 对……来说
기준		'동사 + 기준임을 나타내는 명사'의 형식
주어에 행위를 가하는 자		개사 从

부사격 조사 '와/과'에 대응하는 중국어 표현 형태를 아래 [표 19]와 같이 정리하였다.

[표 19]부사격 조사 '와/과'에 대응하는 중국어 표현

의미기능	중국어 표현
대상	개사 和(与)
기준	개사 和(与)

본 연구는 흔히 한국어의 부사격 조사는 중국어 개사의 형식으로 표현될 것이라는 일반적인 생각에 대한 의문에서 출발하였는데 연구 결과는 위에서 보았듯이 많은 경우에 있어 개사 형식이 아닌 다른 요소로 표현된다는 것을 보여 주고 있다.

한국어는 교착어(膠着語)의 구조를 가진 언어로, 후치적 문법 형태인 부사격 조사의 분포와 기능이 매우 발달되었다. 그러나 중국어는 고립어의 구조를 가지며, 문법적인 표현에 있어 개사의 의존도가 낮으며 같은 의미의 문장을 개사로 표현하는 것보다 실사로 표현하는 것이 더 자연스러운 경우가 많다.

중국어에서 개사의 용법은 개사 하나만으로도 쓰이지만, 이것이 다른 단어와 어울려 관용적으로 쓰임으로써 문장의 의미를 강화하는 경우가 있다. 예를 들어서, 중국어 개사 '到'는 동작이 '어떤 시간까지 지속하는 것'을 나타낼 수 있는데 '为止'와 같이 쓰이면 의미를 더 강화시킬 수 있다.

한국어 부사격 조사는 의미 기능상 포괄적인 다의성을 지니고 있는 데 반해, 중국어 개사는 기능상 분화적으로 표현한다.

제4장에서는 제3장에서 논의한 내용을 바탕으로 의미기능별로 한국어 부사격 조사와 중국어 개사간의 대응관계를 살펴보았다. 한국어 부사격 조사가 중국어 개사에 대응하는 의미기능은 ①방향·지향점, ②재료, ③도구·수단·방법, ④자격·신분·명성, ⑤원인·이유, ⑥시간, ⑦장소·위치, ⑧대상, ⑨기준, ⑩상황, ⑪출발점, ⑫주체, ⑬주어에 행위를 가하는 자 13가지가 있는데 한국어에서는 '로/으로', '에', '에서', '에게', '와/과' 다섯 개 부사격 조사로 나타낼 수 있고 중국어에서는 '到', '向', '朝', '和(与)', '用(拿)', '让', '以', '由于', '在', '对', '给', '被', '让', '比' 등의 23개의 개사로 나타낼 수 있다는 것을 밝혔다.

한국어 부사격 조사나 중국어 개사가 여러 가지 의미기능을 보이고 있지만, 각 의미기능을 보이는 모든 문장에 걸쳐서 쓰이지는 못한다.

한국어 부사격 조사와 중국어 개사의 의미기능은 비슷하지만 서로 간의 1:1 대응이 많지 않다. 이는 통사적과 의미적인 제약관계나 화용적인 차이에서 기인되는 제약으로 인하여 대부분 경우에 한국어 부사격 조사와 중국어 개사가 단독으로 완벽히 대응될 수 없다고 말할 수 있다.

같은 의미기능에 있어 여러 가지 의미를 보이는 경우에 한국어 부사격 조사도, 중국어 개사도 유의관계를 보이는 두 가지 혹은 그 이상의 부사격 조사, 개사가 동원되어야만 서로 대응이 가능한 경우가 많았다.

제5장에서는 중국인 한국어 학습자에 대한 설문조사를 바탕으로 중국인 학습자들이 한국어 부사격 조사를 사용하는 데 나타난 오류의 양상을 살펴보았고, 이들 오류들이 발생하는 원인을 중국어의 영향, 한국어의 내적 요인 두 가지로 나누어 살펴보고, 이러한 오류를 줄이는 효율적인 교육 방안을 제시하였다.

중국인 한국어 학습자가 한국어 사용할 때 모국어인 중국어 지식이 더 먼저 한국어 사용에 영향을 주는 경향이 있다.

같은 의미기능의 대응범주로 보면 한국어는 복잡하고, 중국어는 단순한 경우에 학습자의 오류가 많이 나타나는 경향이 보인다. 예를 들어서, '장소, 위치'를 나타낼 때 한국어에서 '에', '에서', '에게' 세 개 조사로 표현하는데 중국어에서 개사 '在' 하나의 개사로 표현한다. 학습자가 한국어 부사격 조사 '에', '에서', '에게'를 사용하는 데 오류가 많이 나타난다.

중국인 학습자에 대한 한국어 교육에 있어 중국어와 한국어의 대조분석을 통한 언어간 오류에 관한 연구가 꼭 필요하다. 대조분석이 성실하게 이루어져야만이 학습자들이 한국어를 학습할 때 어떤 내용을 어려워하는지를 제대로 파악할 수 있을 것이다. 학습자 모국어와 목표어의 대조분석은 외국어 교육의 기초 연구라고 말할 수 있다.

중국인 한국어 학습자의 한국어 부사격 조사 사용 실태에 관한 설문지

1. 성별: □ 남자   □ 여자

2. 나이:

3. 한국어 학습 단계:
   ① 초급(1,2급)   ② 중급(3,4급)   ③ 고급(5,6급)

4. 한국어 학습 기간:
   ① 6개월 미만   ② 6개월~1년   ③ 1~2년   ④ 2년 이상

5. 한국어에 어느 정도로 관심이 있으십니까?
   ① 매우 높음   ② 높음   ③ 보통   ④ 낮음   ⑤ 매우 낮음

6. 다음의 한국어 학습 분야 중에서 본인이 어렵다고 느끼는 것이 무엇입니까? (한개 또는 여러 개 선택 가능)
   ① 문법   ② 발음   ③ 어휘   ④ 맞춤법

7. 한국어 조사 학습이 어렵다고 생각하십니까? 그렇다면 어느 정도로 어렵게 느껴집니까?
   ① 어렵지 않다   ② 별로 어렵지 않다   ③ 보통이다
   ④ 어렵다   ⑤ 매우 어렵다

8. 본인이 한국어 부사격 조사와 중국어 개사는 같은 의미기능을 한다고 생각하십니까?
   ① 예   ② 아니오   ③ 모른다

9. 다음의 한국어 부사격 조사 중에서 본인이 어렵다고 느끼는 것이 무엇입니까? (한개 또는 여러 개 선택 가능)
    ① 에   ② 에서   ③ 에게   ④ 와/과   ⑤ 로/으로

10. 한국어 부사격 조사는 담당하는 기능을 알고 있습니까?
    ① 예   ② 아니오

11. 수업시간 중에 자신이 조사 사용이 틀렸을 때 다음 중 어떤 식으로 고치는 것이 좋습니까?
    ① 선생님께서 바로 고쳐주시는 것이 좋다
    ② 친구에게 물어서 고치는 것이 좋다
    ③ 내가 스스로 찾아보고 고치는 것이 좋다
    ④ 고치지 않는 것이 좋다

12. 다음 각 부사격 조사가 나타내는 의미를 아는 대로 써 주십시오.

    로/으로: _____
    에: _____
    에서: _____
    에게: _____
    와/과: _____

13. 평소 한국어 조사를 사용할 때 어렵다고 느끼는 것을 자유롭게 써 주십시오.

A. 다음 빈칸에 들어갈 알맞은 조사를 골라 써 보세요. 만약 빈칸에 조사가 필요 없다고 생각되면 '×' 표시를 하십시오.

| 로/으로 | 에 | 에서 | 에게 | 와/과 | 를/을 |

1) 영수 씨는 무역회사_____ 일합니다.

2) 우체국은 어느 쪽_____ 갑니까?

3) 길이 안쪽_____ 굽더니 갑자기 넓어졌다.

4) 비바람_____ 나뭇잎들이 다 떨어졌다.

5) 그 이후_____ 빌려간 사람이 없어요.

6) 너_____ 잡힌 물고기가 어디 있어?

7) 어머니는 그를 나의 남자 친구_____ 생각해 두셨다.

8) ㄱ: 이 사과 얼마예요?

　　ㄴ: 천 원_____ 두 개예요.

9) 어머니가 아이_____ 우유를 먹이신다.

10) 선생님이 학생들_____ 한국어를 가르칩니다.

11) 나는 이번 일로 그_____ 너무 미안했다.

12) 그는 늘 웃는 얼굴_____ 사람들을 대한다.

13) 돌부리_____ 채여 넘어질 뻔했다.

14) 볼펜_____ 글을 쓰세요.

15) 아이가 잘못을 하면 그 부모_____ 책임이 있어.

16) 우리 나라 속담_____ 기쁨이 지나치면 슬픔이 온다고 했다.

17) 저도 당신을 형님_____ 부르겠습니다.

18) 나무_____ 책상을 만든다.

19) 한복이 저_____ 어울릴까요?

20) 감기_____ 고생하고 있어.

21) 난 택시_____ 갈 거야.

22) 물이 수증기_____ 변한다.

23) 이 약은 감기_____ 좋습니다.

24) 신맛은 단맛_____ 잘 어울린다.

25) 사진_____ 아버지, 어머니, 저와 여동생이 있습니다.

26) 문_____ 붙은 메모지를 발견했다.

27) 하루_____ 그 모든 일을 다 할 수 있어?

28) 한 시_____ 만나자.

29) 그 전설_____ 이런 풍습이 생겼다.

30) 하늘_____ 눈이 내렸다.

31) 저는 중학교 동창생_____ 결혼했다.

32) 우리는 뒷문_____ 빠져나갔다.

33) 파리는 에펠탑_____ 유명하다.

34) 그는 나_____ 나이가 같다.

35) 언어학도 인문 과학_____ 포함된다.

36) 너희들 때문_____ 회사가 망한다.

37) 우리 반_____ 내가 가장 키가 크다.

38) 가족_____ 함께 삽니다.

39) 어머니는 아침마다 꽃_____ 물을 줍니다.

40) 그는 텔레비전을 보는 일_____ 열중하고 있다.

B. 다음 내용을 한국어로 번역해 보세요.

1) 我现在在十字路口的天桥下，过了天桥向左拐，然后在邮局前面向右拐，会
   出现一个市场。在市场前面过人行横道后一直向前走， 有一个医院。医院后
   面有一个花店。药店就在那个花店旁边。

2) 今天是我的生日。上午我在家休息，给妈妈打了个电话。下午和朋友一起去了
   电影院。在电影院看了有意思的电影。傍晚我和朋友一起去了饭店, 在饭店我
   们吃了中国料理。朋友将一本书作为生日礼物送给了我。

中国学生韩语副词格助词使用情况调查问卷

1. 性别:　□男　　　□女

2. 年龄:

3. 韩语能力阶段:
　　① 初级(1,2级)　② 中级(3,4级)　③ 高级(5,6级)

4. 韩语学习时间:
　　① 6个月以下　② 6个月-1年　③ 1-2年　④ 2年以上

5. 对韩语是否感兴趣?
　　① 非常感兴趣　② 比较感兴趣　③ 一般
　　④ 不太感兴趣　⑤ 非常不感兴趣

6. 在韩语学习中认为是难点的内容是(可多选):
　　① 语法　　② 发音　　③ 词汇　　④ 拼写法

7. 韩语学习中是否感到助词的学习很难?
　　① 不难　② 不太难　③ 一般　④ 难　⑤ 非常难

8. 你认为韩语副词格助词和汉语介词的语义功能相同吗?
　　① 相同　② 不同　③ 不清楚

9. 以下韩语副词格助词中你认为是学习难点的是(可多选):
　　① 에　② 에서　③ 에게　④ 와/과　⑤ 로/으로

10. 你知道韩语副词格助词的语法功能吗?
　　① 知道　② 不知道

11. 在课上如果出现助词使用错误的情况，你希望通过哪种方式改正？

    ① 希望老师帮忙改正

    ② 问同学之后改正

    ③ 自己查找课本或资料改正

    ④ 不改正也无所谓

12. 请写出以下副词格助词所表达的意义。

로/으로: _____

에: _____

에서: _____

에게: _____

와/과: _____

13. 在使用韩语助词时，你认为最难的内容是什么？

A. 请在空格内填入适当的助词。如果认为不需要助词，请填写"×"。

로/으로	에	에서	에게	와/과	를/을

1) 영수 씨는 무역회사_____ 일합니다.

2) 우체국은 어느 쪽_____ 갑니까?

3) 길이 안쪽_____ 굽더니 갑자기 넓어졌다.

4) 비바람_____ 나뭇잎들이 다 떨어졌다.

5) 그 이후_____ 빌려간 사람이 없어요.

6) 너_____ 잡힌 물고기가 어디 있어?

7) 어머니는 그를 나의 남자 친구_____ 생각해 두셨다.

8) ㄱ: 이 사과 얼마예요?

  ㄴ: 천원_____ 두 개예요.

9) 어머니가 아이_____ 우유를 먹이신다.

10) 선생님이 학생들_____ 한국어를 가르칩니다.

11) 나는 이번 일로 그_____ 너무 미안했다.

12) 그는 늘 웃는 얼굴_____ 사람들을 대한다.

13) 돌부리_____ 채여 넘어질 뻔했다.

14) 볼펜_____ 글을 쓰세요.

15) 아이가 잘못을 하면 그 부모_____ 책임이 있어.

16) 우리 나라 속담_____ 기쁨이 지나치면 슬픔이 온다고 했다.

17) 저도 당신을 형님_____ 부르겠습니다.

18) 나무_____ 책상을 만든다.

19) 한복이 저_____ 어울릴까요?

20) 감기_____ 고생하고 있어.

21) 난 택시_____ 갈 거야.

22) 물이 수증기_____ 변한다.

23) 이 약은 감기_____ 좋습니다.

24) 신맛은 단맛_____ 잘 어울린다.

25) 사진_____ 아버지, 어머니, 저와 여동생이 있습니다.

26) 문_____ 붙은 메모지를 발견했다.

27) 하루_____ 그 모든 일을 다 할 수 있어?

28) 한 시_____ 만나자.

29) 그 전설_____ 이런 풍습이 생겼다.

30) 하늘_____ 눈이 내렸다.

31) 저는 중학교 동창생_____ 결혼했다.

32) 우리는 뒷문_____ 빠져나갔다.

33) 파리는 에펠탑_____ 유명하다.

34) 그는 나_____ 나이가 같다.

35) 언어학도 인문 과학_____ 포함된다.

36) 너희들 때문_____ 회사가 망한다.

37) 우리 반_____ 내가 가장 키가 크다.

38) 가족_____ 함께 삽니다.

39) 어머니는 아침마다 꽃_____ 물을 줍니다.

40) 그는 텔레비전을 보는 일_____ 열중하고 있다.

B. 请将以下短文翻译成韩语。

1) 我现在在十字路口的天桥下, 过了天桥向左拐, 然后在邮局前面向右拐, 会出现一个市场。在市场前面过人行横道后一直向前走, 有一个医院。医院后面有一个花店。药店就在那个花店旁边。

2) 今天是我的生日。上午我在家休息, 给妈妈打了个电话。下午和朋友一起去了电影院。在电影院看了有意思的电影。傍晚我和朋友一起去了饭店, 在饭店我们吃了中国料理。朋友将一本书作为生日礼物送给了我。

참고문헌

◎ 사전류

국어국립원(1999), 《표준국어대사전》, 두산동아.

권호연(1989), 《(實用)韓中辭典》, 진명출판사.

남영신(1997), 《흔+국어사전》, 성안당.

《(민중)엣센스 국어사전》(2001), 민중서림 편집국.

서상규 외(2006), 《(외국인을 위한)한국어 학습 사전》, 신원프라임.

언어정보개발연구원(2002), 《연세한국어사전》, 연세대학교.

이기문·임홍빈(2001), 《(동아)참 국어사전: 우리말 돋움사전》, 두산동아.

이희승(1998), 《국어대사전》, 民衆書林.

이희자·이종희(2001), 《(한국어 학습용)어미·조사 사전》, 한국문화사.

《학습중한사전》(2002), 넥서스 CHINESE.

한진건(2000), 《(진명)뉴밀레니엄 한중사전》, 진명출판사.

顾士熙 主编(2002), 《现代汉语常用词用法词典》最新版, 中国书籍出版社.

侯学超(1998), 《现代汉语虚词词典》, 北京大学出版社.

《现代中韩大辭典》(2001), 도서출판 한얼.

中国社会科学院语言研究所词典编辑室(2002), 《现代汉语词典》2002年增补本, 商务印书馆.

Tsai Yū-kuei(1983), 《한중대사전》, 명산출판사.

◎ 한국어 자료

강현화(2001), 빈도를 나타내는 시간부사의 어휘 교육 방안 연구, 《한국어 교육》, 12-1호, 국제한
　　　국어교육학회, pp 1-7.

고석주 외(2004), 《한국어 학습자 말뭉치와 오류 분석》, 한국문화사.

국립국어원(2010), 《(외국인을 위한)한국어 문법》, 커뮤니케이션북스.

권재일(1995), 국어학적 관점에서 본 언어 지식 영역 지도의 내용, 《국어교육연구》, 2호, 서울대학
　　　교 국어교육연구소, pp 159-175.

김미옥(1994), 한국어 학습에 나타난 오류 분석, 《한국말교육》, 5호, 국제한국어교육학회, pp
　　　233-244.

_____(2002), 학습 단계에 따른 한국어 학습자 오류의 통계적 분석, 《와국어로서의 한국어 교육》,
　　　27호, 연세대학교 언어연구교육원 한국어학당, pp 495-541.

김봉순(2001), 국어교육을 위한 텍스트언어학, 《국어교육학연구》, 12호, 국어교육학회, pp 123-149.

김승곤(1978), 《韓國語助詞의 通時的 硏究》, 大提閣.

_____(1986), 《한국어조사의 통시적연구》, 대제각.

_____(1992),《국어토씨연구》, 서광학술자료사.

김영희(1999), 사격표지와 후치사,《국어학》, 34호, 국어학회, pp 31-58.

김유미(2001), 학습자 말뭉치를 이용한 한국어 학습자 오류 분석 연구,《외대어문논총》, 10호, 경희대학교 비교 문화 연구소, pp 1-21.

김유정(2005), 한국어 학습자 말뭉치 오류분석의 기준 연구,《한국어 교육》, 16-1호, 국제한국어교육학회, pp 45-75.

김은성(1999), 국어에 대한 태도 교육 연구, 서울대학교 석사학위논문.

김정숙(1998), 과제 수행을 중심으로 한 한국어 교육 방법론,《한국어 교육》, Vol.9 No.1, 국제한국어교육학회, pp 95-112.

김정은(2003), 한국어교육에서의 중간언어와 오류 분석,《한국어 교육》, 4-1호, 국제한국어교육학회, pp 29-50.

김정화(2008), 관형격 조사 '의'의 교육 방안 연구 : 중국인 학습자를 중심으로, 경희대학교 석사학위논문.

김종찬·엽보규(2003),《漢語語法》, 중문.

김종호(1998),《현대중국어문법》, 신아사.

김중섭(1998), 한국어 교육의 새로운 방법,《국어교육연구》, 6-1호, 서울대학교 국어교육연구소, pp 29-52.

김지은(1998), 조사 '-로'의 의미와 용법에 대한 연구,《국어학》, 31호, 국어학회, pp 361-393.

김찬화(2005), 한중 감각형용사 의미 연구, 인천대학교 석사학위논문.

김충실(2006),《중국에서의 한국어 교수방법 연구》, 박이정.

김현철·김시연(2002),《중국어학의 이해》, 학고방.

김현철(2004),《現代漢語虛詞用法辭典》, 成輔社.

남기심(1993),《국어 조사의 용법》, 서광학술자료사.

_____(2001),《현대 국어 통사론》, 태학사.

남기심·고영근(1993),《표준 국어문법론(개정판)》, 탑출판사.

남기심·이상억·홍재성(1999),《한국어 교육의 방법과 실제》, 한국방송대학교 출판부.

남기심·이정민·이홍배(1995),《언어학 개론(개정판)》, 탑출판사.

노대규(2007),《외국어로서의 한국어 교육》, 푸른사상사.

류예화(2004), 현대 한국어와 중국어의 호칭어 대조 연구, 조선대학교 석사학위논문.

맹주억(1992),《현대중국어문법》, 청년사.

목정수(2003),《한국어 문법론》, 월인.

민현식(1995), 국어 오용 어법의 예방적 지도법 연구(1),《국어교육》, 89호, 한국국어교육연구회, pp 251-295.

박건영(2010), 현대 중국어 개사의 종류,《清大學術論集》, Vol.14 No.S, 청주대학교 학술연구소, pp 1-14.

박덕준(1997), [개사NP-동사] 구조와 [동사-개사NP] 구조의 의미 비교,《중국언어연구》, 5호, 한국중국언어학회, pp 287-324.

_____(1998), [介詞 NP-동사] 구조에 출현하는 補語,《중국언어연구》, 7호, 한국중국언어학회, pp 1-24.

박덕준·박종한(1996), 한국어와 중국어에서 동사와 목적어의 의미 관계 대조 연구,《중국언어연구》, 4호, 한국중국언어학회, pp 1-37.

박소영(2008), 중국인 학습자의 한국어 조사 사용 오류 분석과 교수 방안 : 조사 '이/가', '을/를' 그리고 '은/는'을 중심으로, 성신여자대학교 석사논문.

박양규(1972), 국어의 처격에 대한 연구, 서울대학교 석사학위논문.

박영목 외(2005),《국어교육론2》, 한국문화사.

박영순(1998),《한국어 문법 교육론》, 박이정.

박영순 외(2008),《한국어와 한국어 교육》, 한국문화사.

박정구(1998), 중국어 전치사 연구,《中國語文學誌》, 5-1호, 중국어 문학회, pp 349-376.

박종한(1994), 현대중국어 동사 유의어의 분석방법에 관한 연구, 서울대학교 박사학위논문.

_____(2004),《한국어에서 중국어 바라보기》, 학고방.

박창수(2005), 한국어 조사 '에, 에서'와 상응하는 중국어 표현법 연구, 한국외국어대학교 석사학위논문.

백봉자(1991), 외국어로서의 한국어 문법 - 그 정립을 위한 한 방안,《동방학지》, 71-72호, 연세대학교 국학연구원, pp 629-644.

서덕현(1998), 조사의 의미와 그 교육 문제,《국어교육》, 98호, 한국국어교육연구회, pp 1-24.

서상규, 한영균(1999),《국어 정보학 입문》, 태학사.

서정목(1984), 후치사 '서'의 의미에 대하여,《언어》, 9-1호, 한국언어학회, pp 155-186.

석희선(1988), 대조분석과 오류분석의 이해와 활용,《논문집》, 27호, 건국대학교, pp 99-116 .

선우용(1994), 국어조사 '이/가', '을/를'에 대한 연구, 서울대학교 석사학위논문.

성광수(1999),《격표현과 조사의 의미》, 월인.

손다옥(1999), 現代中國語 介詞 "對" 硏究, 전북대학교 석사학위논문.

송주영(2002), 한국어 학습에 나타나는 오류 연구, 한국외국어대학교 석사학위 논문.

슬지엔(2005), 한국어 조사와 중국어 개사(介詞)의 대조 연구 - 격조사 '-로'에 대응하는 중국어 표현을 중심으로, 경북대학교 석사학위논문.

신봉수(2005),《영어교수법의 이론과 실제》, 위덕대학교 출판부.

신용진(1980), 영어 학습자의 오류에 관한 연구, 전북대학교 박사학위논문.

신창순(1984),《국어 문법》, 학문사.

심재기(1981), 국어어휘의 통사적 기능변환에 관한 연구, 서울대학교 박사학위 논문.

안경화(1999), 한국어 어휘의 학습 난이도 측정 방법에 대하여,《언어학》, 25호, 한국언어학회, pp 167-184.

_____(2007),《한국어 교육의 연구》, 한국문화사.

양정석(1995),《국어 동사의 의미 분석과 연결이론》, 박이정.

_____(1999), '-로'의 의미와 재어나누기,《언어학》, 7-3호, 대한언어학회, pp 235-256.

양진규(1994), 중간어에 대한 대조분석과 오류분석의 연구,《Veritas》, Vol.-No.7, 明知大學校 人文

大學 英語英文學科, pp 227-252.

엄익상·遠藤光曉(2008),《韓漢語言硏究》, 학고방.

왕 단(2005), 중국인 학습자의 한국어 형용사 이해·사용에 나타난 오류에 관한 연구,《한국어 연구와 교육》, 창간호, 이화여자대학교 한국어문학연구소, pp 69-91.

_____(2007),《(중국어권 학습자를 위한)한국어 형용사 교육 연구》, 태학사.

왕 봉(2008), 한국어 조사와 중국어 개사의 대응 관계 연구, 부산대학교 석사학위논문.

왕정춘(2003), 중국인 위한 韓中 대조분석, 연세대학교 석사학위논문.

이관규(1995), 한국어 교재의 구성 원리와 내용,《이중언어학》, 12호, 이중언어학회, pp 273-290.

이기동(1981), 조사 '에'와 '에서'의 기본의미,《한글》, 173-174호, 한국학회, pp 9-32.

_____(1984),《영어전치사연구》, 교문사.

이남순(1988),《국어의 부정격과 격표지 생략》, 탑출판사.

_____(1998),《격과 격표시》, 월인.

이석주(2003), 국어 오용의 고착 현상 분석과 처리에 대한 고찰,《이중언어학》, 23호, 이중언어학회, pp 227-253.

이양혜(1992), 우리말 조사 '로'에 대한 연구, 부산대학교 석사학위논문.

이영호·이한구(1987), 인문과학 방법론,《人文科學》, 16-1호, 성균관대학교 인문과학연구소, pp 5-31.

이수련(2001),《한국어와 인지》, 도서출판.

이은경(1999), 한국어 학습자의 조사 사용에 나타난 오류 분석, 연세대학교 석사학위논문.

이익섭(2000),《국어학개설》, 학연사.

이익섭·이상억·채완(1997),《한국의 언어》, 신구문화사.

이익섭·채완(2003),《국어문법론강의》, 學研社.

이정희(2002), 한국어 학습자의 오류 연구, 경희대학교 박사학위논문.

_____(2003),《한국어 학습자의 오류 연구》, 박이정.

이지수(2006), 부사격 조사 '에'와 '로'에 대한 연구, 서울대학교 석사학위논문.

이해영 외(2005),《(한국어 학습자의)중간언어 연구》, 커뮤니케이션북스.

이화영(1998), 중국어의 '給'와 한국어의 '에게' 비교연구,《중국학논총》, 7호, 고려대학교 중국학연구소, pp 579-602.

이희자·이종희(1998),《사전식 텍스트분석적 국어 조사의 연구》, 한국문화사.

임동훈(2004), 한국어 조사의 하위 부류와 결합 유형,《국어학》, 43호, 국어학회, pp 119-154.

임병빈 외 역(2004),《(교사를 위한)영어교육의 이론과 실제》, 경문사.

임지룡(1991), 국어의 기초 어휘에 대한 연구,《국어교육 연구》, 23호, 국어교육학회, pp 87-131.

_____(1997),《인지의미론》, 탑출판사.

_____(2002), 글쓰기를 위한 문법교육 텍스트,《국어교육 연구》, 34호, 국어교육학회, pp 217-248.

임지숙(2009), 한국어 학습자의 연결어미 '-아서/어서'에 대한 오류 연구 - 중국인 학습자를 중심으로, 청주대학교 석사학위논문.

임지영(2007), 현대 중국어 개사 '朝, 到, 往, 向' 비교 연구, 원광대학교 석사학위논문.

임홍빈(1987),《국어의 재귀사 연구》, 신구문화사.

임홍빈·홍경표·장숙인(1997),《외국인을 위한 한국어 문법》, 연세대학교 출판부.

정동화 외(1985),《국어과교육론》, 선일문화사.

정병남(2004),《한·일어 접속표현 대조연구》, 어문학사.

정병현(1985), 現代 國語의 副詞格助詞에 對한 硏究 : 學校文法을 中心으로, 충북대학교 석사학위
　　　논문.

정윤철(2005), 한국어와 중국어의 시간, 공간표현 대조 분석,《중국연구》, 36호, 韓國外國語大學校
　　　外國學綜合硏究센터 中國硏究所, pp 3-22.

정춘호(1998), 이른바 국어 부사격조사의 기능연구 : 보어논항 구성과 부사어 구성을 중심으로, 연
　　　세대학교 석사학위논문.

조현용(2000),《한국어 어휘교육 연구》, 박이정.

주은경(2004), 한국어 학습자의 조사 '에'의 용법별 습득 양상 연구, 이화여자대학교 석사학위논문.

曾天富(2004), 한국어 부사격 조사의 교수에 관한 연구 - '에'와 '로'의 비교를 중심으로,《국어교
　　　과교육연구》, 7호, 국어교과교육학회, pp 73-100.

최경봉(1998),《국어 명사의 의미 구조》, 태학사.

최교진(1997), 國語助詞 '-로'의 多義性 硏究, 경북대학교 석사학위논문.

최길시(1998),《(외국인을 위한)한국어 교육의 실제》, 태학사.

최병덕(1997), '向' 介詞構造에 관한 연구,《中國語文論叢》, 12호, 중국어문 연구회, pp 55-75.

＿＿＿(1998), 現代漢語 介詞 '朝, 往, 向'에 관한 연구,《中文學論叢》, 7호, 한국중국문화학회, pp
　　　555-577.

최우영(1997), 외국어로서의 한국어 학습자의 오류에 관한 연구, 이화여자대학교 석사학위논문.

최형용(2003),《국어 단어의 형태와 통사》, 태학사.

한　승(2007), 현대 중국어 '給'의 용법 연구, 한양대학교 석사학위논문.

한정은(2003), 現代 中國語 介詞 '給·替·爲' 比較硏究, 성균관대학교 석사 학위 논문.

허성도(1988), 현대 중국어에 있어서의 기점표시의 개사 연구,《어학연구》, 24-3호, 서울대학교 어
　　　학연구소, pp 381-406.

＿＿＿(1995),《현대중국어 어법 연구》, 학고방.

허　용(2001), 부사격 조사에 대한 한국어 교육학적 접근,《이중언어학》, 제19호, 이중언어학회,
　　　pp 365-390.

＿＿＿(2005),《외국어로서의 한국어교육학 개론》, 박이정.

홍사만(1993),《한, 일어 대조어학/논고》, 탑 출판사.

＿＿＿(2002),《국어 특수조사 신연구》, 역락.

＿＿＿(2002),《한·일어 대조분석》, 역락.

＿＿＿(2008),《국어 의미 분석론》, 한국문화사.

홍재성(1987),《현대 한국어 동사구문의 연구》, 탑출판사.

황미연(2006), 중국인 학습자의 한국어 학습을 위한 관용표현 대조 연구,《비교문화연구》, 10-1호,
　　　경희대학교 비교문화연구소, pp 71-192.

◎ 중국어 자료

北京大学中文系1955/1957级语言班(2010),《现代汉语虚词例释》, 商务印书馆.

北京大学中文系现代汉语教研室(2004),《现代汉语(重排本)》, 商务印书馆.

陈昌来(2002),《介词与介引功能》, 安徽教育出版社.

陈一(2002),《现代汉语语误》, 黑龙江人民出版社.

崔健(2002),《韩汉范畴表达对比》, 国大百科全书出版社.

崔健·孟柱亿(2007),《汉韩语言对比研究》, 北京语言大学出版社.

范晓(1991),《短语》, 商务印书馆.

房玉清(2001),《实用汉语语法》, 北京大学出版社.

高更生·谭德姿·王立廷(1992),《现代汉语知识大词典》, 山东教育出版社.

高远(2002),《对比分析与错误分析》, 北京航空航天大学出版社.

郭锐(2004),《现代汉语词类研究》, 商务印书馆.

侯学超(2004),《现代汉语虚词词典》, 北京大学出版社.

胡裕树(1995),《现代汉语》重订本, 上海教育出版社.

黄伯荣·廖序东(2011),《现代汉语》(下册), 高等教育出版社.

李荣久(1986),《汉朝对照汉语词类详解》, 延边教育出版社.

李如龙·张双庆(2000),《介词》, 暨南大学出版社.

刘丹青(2003),《语序类型学与介词理论》, 商务印书馆.

刘坚(1992),《近代汉语虚词研究》, 语文出版社.

刘月华·潘文娱·故韦华(2001),《实用现代汉语语法(增订本)》, 商务印书馆.

柳英绿(1999),《朝汉语语法对比》, 延边大学出版社.

_____(2002),《韩中翻译教程》, 延边大学出版社.

卢福波(1996),《对外汉语教学实用语法》, 北京语言大学出版社.

陆俭明(2003),《现代汉语语法研究教程》, 北京大学出版社.

林玉山(1983),《汉语语法学史》, 湖南教育出版社.

吕冀平(2000),《汉语语法基础》, 商务印书馆.

吕叔湘(1980),《现代汉语八百词》, 商务印书馆.

_____(1984),《汉语语法论文集(增订本)》, 商务印书馆.

_____(1999),《现代汉语八百词(增订本)》, 商务印书馆.

吕叔湘·朱德熙(2002),《语法修辞讲话》, 辽宁教育出版社.

马贝加(2002),《近代汉语介词》, 中华书局.

彭小川·李守纪·王红(2003),《对外汉语教学语法释疑201例》, 商务印书馆.

朴正九(1997), 漢語介詞研究, 清華大學語言學研究所 博士論文.

石坚(2014), 韩语表时间助词对译汉语介词的研究,《中國言語研究》(第54輯), 韓國中國言語學會.

石毓智·李讷(2001),《汉语语法化的历程》, 北京大学出版社.

王力(1985),《中国现代语法》, 商务印书馆.

韦旭升·许东振(1995),《韩国语使用语法》, 外语教学与研究出版社.

邢公畹(1994),《现代汉语教程》, 南开大学出版社.

张斌(2013),《现代汉语虚词词典》, 商务印书馆.

张宏胜(1997), 关于"在+Np+V"与"V+在+Np",《新疆大学学报》(哲学社会科学版), 1997(01), 新疆大学.

张敏·黄一仙(1995),《韩国语口语教程》, 北京大学语文出版社.

张谊生(2000),《现代汉语虚词》, 华东师范大学出版社.

赵淑华(1996),《介词和介词分类》, 北京语言学院出版社.

赵元任(1959),《语言问题》, 商务印书馆.

朱德熙(1980),《现代汉语语法研究》, 商务印书馆.

_____(1982),《语法讲义》, 商务印书馆.

_____(2002),《20世纪现代汉语语法八大家》, 东北师范大学出版社.

◎ 영어 자료

Brown, H.Douglas(2000), Principles of Language Learning and Teaching, Longman

Corder, Stephen Pit(1981), Error Analysis and Interlanguage, Oxford University Press

Rod Ellis, Gary Barkhuizen(2005), Analysing Learner Language, Oxford University Press

Richards, J.C. ed.(1992), Error Analysis: Perspectives on Second Language Acquisition, Longman

찾아보기(국내)

찾아보기(국외)

한국어 부사격 조사와 중국어 개사의 대조 연구

초판 인쇄 | 2021년 09월 23일
초판 발행 | 2021년 10월 4일

지 은 이   석 건
발 행 인   한정희
발 행 처   경인문화사
편   집   한주연 김지선 유지혜 박지현 이다빈
마 케 팅   전병관 하재일 유인순
출판번호   406-1973-000003호
주   소   경기도 파주시 회동길 445-1 경인빌딩 B동 4층
전   화   031-955-9300 팩 스   031-955-9310
홈페이지   www.kyunginp.co.kr
이 메 일   kyungin@kyunginp.co.kr

ISBN 978-89-499-4987-1(93700)

값 16,000원